Páginas 4 y 5: *Auguste Renoir*, El almuerzo de los remeros *(1881)*.
Página 8: *Vincent Van Gogh*, El sembrador *(1888)* Detalle.
Portadillas: *Giuseppe Arcimboldo*, Frutas y verduras *(c. 1578)*.

Edita: Editorial Planeta DeAgostini, S.A.
Realización editorial: EDITEC
Diseño de la colección: Babel Grafistes S.C.P.
Ilustraciones: IGDA

ISBN: 84-395-9055-5
Depósito Legal: NA-1400-2001

Imprime: Gráficas Estella, S.A.
Impreso en España

pastas y arroces

PLANETA DeAGOSTINI®

Sumario

Introducción

El arroz y la pasta tienen muchas cosas en común. Ambos llegaron de Oriente para convertirse en los príncipes de la cocina mediterránea. El uno es blanco, la otra, de un suave color amarillo, y los dos cereales, jugando descaradamente con su básico cromatismo, han seducido a todos los colores de la huerta, al igual que se han apropiado de todos los aromas del mar y de la montaña. Maravillosos vehículos de los sabores, han constituido desde siempre el ingrediente principal de las más variadas recetas; unas, perfectas para todos los días, y otras, dignas de una mesa de fiesta.

También es cierto que la pasta y el arroz lograron sus mejores efectos asociándose con ricos productos de otros continentes. ¿Qué decir, en este aspecto, de la colaboración del tomate llegado de América? ¿O de la inestimable ayuda de las especias de Insulindia? Los protagonistas de este primer libro de cocina son una síntesis genuina de muchas y variadas civilizaciones y culturas.

Las recetas de pasta y arroz son sencillas y caseras, y constituyen una especie de rito iniciático para un cocinero novel. Los jóvenes se sienten por primera vez orgullosos de su autonomía doméstica cuando son capaces de sacar adelante unos buenos espaguetis, o ese sencillo, pero espléndido, arroz en blanco bañado en salsa de tomate e iluminado por un resplandeciente huevo frito. ¿Quién ha dicho que alguien se hace mayor tan pronto gana su propio dinero? No es cierto: a la edad adulta se llega cuando uno puede cocinar sus propios raviolis.

Este libro está dedicado a la pasta y al arroz, los amables e imprescindibles compañeros de nuestra vida cotidiana. Conscientes de que la prisa es el factor que domina al ser humano protagonista de la modernidad, la selección de recetas se ha realizado siguiendo, en primer lugar, criterios de sencillez y facilidad de realización. Y no es que falten recetas complejas, pero no hay en este recetario nada que no se pueda hacer con una horita por delante y ganas de divertirse en la cocina.

pasta larga y corta

Tallarines coronados

La combinación de verduras y pasta es uno de los grandes hallazgos de la cocina contemporánea en los países de la ribera mediterránea. El delicado juego de los colores que forman el plato constituye un auténtico regalo para la vista.

1 **Limpiar las alcachofas** eliminando los tallos, las hojas duras y las puntas; **cortarlas** en gajos finos y sumergirlas en un bol con agua fría acidulada con el zumo del limón. Limpiar y **picar el perejil.**

2 **Pelar el chalote y picarlo** finamente; poner el aceite en una cazuela y **rehogarlo** sin que llegue a dorarse. **Agregar las alcachofas** (previamente escurridas) y sofreírlas brevemente. **Salpimentarlas** y dejarlas cocer 7 u 8 minutos con el recipiente tapado, removiéndolas de vez en cuando con una cuchara de madera. Antes de retirarlas del fuego, **espolvorearlas con el perejil**.

3 Mientras tanto, **cocer los tallarines *al dente*** en una olla con abundante agua y sal. Escurrirlos. Reservar la mitad de las alcachofas y **condimentar los tallarines,** con el resto. **Incorporar** también la mitad del **queso rallado,** removiendo con delicadeza.

4 **Disponer los tallarines** en una fuente de hornear untada con mantequilla y **distribuir** alrededor las **alcachofas** reservadas, formando una corona. **Espolvorear** el resto del **queso** por la superficie, introducir la fuente en el horno y **gratinar** ligeramente los tallarines durante 10 minutos. Servir inmediatamente.

INGREDIENTES (para 4 personas)
tallarines ▸ 300 g
alcachofas ▸ 6 u 8, según tamaño
limón ▸ uno
perejil ▸ un manojo
chalote ▸ uno
queso emmental rallado ▸ 150 g
mantequilla ▸ 20 g
aceite de oliva ▸ 4 cucharadas
sal y pimienta

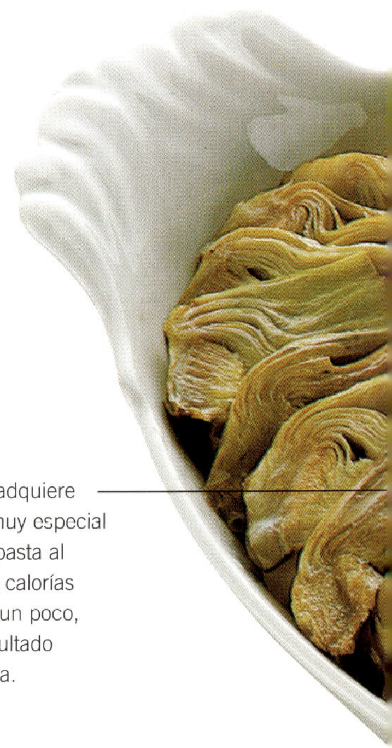

Este plato adquiere un sabor muy especial utilizando pasta al huevo. Las calorías aumentan un poco, pero el resultado vale la pena.

Es muy importante lavar y secar cuidadosamente el perejil y las hortalizas antes de incorporarlos a la pasta, pues el exceso de agua perjudicaría el resultado final.

ALTERNATIVAS

Una variante de este plato, también muy sabrosa, se puede conseguir sustituyendo los tallarines por cintas verdes. En este caso, sería interesante emplear, en vez del emmental, un queso manchego semicurado, de sabor más intenso. Quedará perfecto si se ralla en el mismo momento de su incorporación.

HAY QUE SABER... Al ir al mercado, conviene asegurarse de que las alcachofas estén bien frescas. Además de por su aspecto general (deben ser de color verde brillante), la mejor manera de comprobarlo es doblar una de sus hojas: si se parte con facilidad, su frescura está garantizada.

TRUCO

Para que la pasta larga no se pegue al hervirla hay que removerla con un utensilio de madera en cuanto el agua recupere el hervor que pierde al introducirla. También es útil añadirle un chorrito de aceite o un dadito de mantequilla.

Para un perfecto gratinado se debe precalentar el horno a 200 ºC antes de introducir la fuente, y vigilar que el queso rallado no tome demasiado color. El plato estará listo justo cuando el queso se haya fundido, lo que llevará unos 10 minutos.

NOTA DE... "CATA" DIETÉTICA

Rico en **hidratos de carbono** y **fibra,** en este plato destacamos las alcachofas, por su riqueza en **manganeso, potasio, magnesio** y **fósforo.**
El aporte de **calcio** está garantizado por el queso.
Alto en calorías y en grasas.

Tallarines marineros

La pasta se presta a muchas combinaciones, pues integra los sabores con gran perfección. La presencia de especies marinas convierten este plato en el protagonista de una comida especial.

INGREDIENTES (para 4 personas)
tallarines ▸ 300 g
gambas ▸ 250 g
cola de rape ▸ 250 g
lechuga ▸ 250 g
yema de huevo ▸ una
leche ▸ un vaso
cebolla ▸ media
salvia ▸ 2 hojas
perejil ▸ un manojo
brandy ▸ una cucharada
aceite de oliva ▸ 3 cucharadas
nuez moscada
sal y pimienta

1 **Limpiar y lavar las gambas y el rape;** poner el pescado en una cacerola cubierto de agua salada y **cocerlo** con las hojas de salvia. Escurrir, pelar las gambas y quitar las espinas y la piel del rape, y trocearlos. Limpiar y **picar el perejil.**

2 Pelar y **picar la cebolla** bien fina, y rehogarla en una sartén con el aceite. **Añadir la lechuga** lavada y cortada en tiras. **Salpimentar, espolvorear con nuez moscada,** cubrir de agua y **cocer** a fuego lento durante 10 minutos con la sartén tapada. Retirar la tapadera y dejar que se evapore el líquido.

3 **Incorporar las gambas y el rape, y rociar con el brandy.** Cocer unos minutos y apagar el fuego. Mientras la salsa esté aún caliente, **añadir la yema de huevo,** desleída aparte con la leche. Remover despacio con una cuchara de madera y **espolvorear con el perejil picado.**

4 Mientras tanto, **cocer la pasta *al dente*** en una olla con abundante agua y sal. Escurrirla y repartirla en platos hondos. **Condimentar** cada ración con una cuarta parte de la salsa y servir el plato inmediatamente.

HAY QUE SABER... Las primeras noticias que tenemos de algo similar a la pasta moderna proceden del *Libro de las maravillas del mundo,* de Marco Polo. El viajero veneciano comprobó que en Asia se consumían unos fideos largos hechos con harina de arroz. Su popularidad se debía a que se consideraban un símbolo de longevidad.

ALTERNATIVAS

Tanto la nuez moscada como el brandy dan a este plato un gran aroma y sabor. Para un resultado menos intenso, pero igualmente sabroso, se puede sustituir el brandy por un vino blanco seco y eliminar la nuez moscada.

NOTA DE... "CATA" DIETÉTICA

La combinación de la pasta con el pescado proporciona a este plato una gran cantidad de **hidratos de carbono** y **proteínas,** por lo que resulta bastante calórico y muy completo. Además, la leche le aporta **calcio.** Bajo en grasas.

TRUCO

La pasta debe cocerse en abundante agua hirviendo con sal: la medida ideal es quizá dos cucharadas de sal por litro de agua. Si se dispone de tiempo, es mejor cocerla con la olla destapada.

STEEL
MADE IN SWEDEN

Espaguetis con atún

Una verdadera explosión de sabores acompaña en esta receta a la discretísima pasta: intenso el del atún, fresco el de las aceitunas, exóticos y alegres los de la guindilla y las alcaparras. Por añadidura, está al alcance del más inexperto de los cocineros.

INGREDIENTES (para 4 personas)
espaguetis ▸ 400 g
atún en aceite de oliva ▸ 150 g
aceitunas verdes y negras deshuesadas ▸ 100 g
alcaparras en vinagre ▸ 50 g
guindilla ▸ una
aceite de oliva ▸ 2 cucharadas
sal y pimienta

1 **Cocer la pasta *al dente*** en una olla con abundante agua y sal. Escurrirla, volver a ponerla en la olla y **rociarla con el aceite** para que no se pegue.

2 Mientras tanto, escurrir y **desmenuzar el atún, trocear las aceitunas** y escurrir y **picar las alcaparras.**

3 Incorporar todos los ingredientes a los espaguetis, **añadir un poco de pimienta** recién molida y la **guindilla** picada, y remover bien. Poner en una fuente y servir.

ALTERNATIVAS

Sin hacer cambio alguno en la preparación de la receta ni en los ingredientes, este plato puede convertirse en una espléndida ensalada de verano. Sólo hay que dejarlo enfriar y después meterlo en el frigorífico, donde puede reposar un par de horas antes de servirlo. Ya en la mesa, unas gotas más de aceite de oliva darán viveza a la pasta.

TRUCO

Mantener las aceitunas en un poco de agua fresca media hora antes de incorporarlas, a fin de evitar que un exceso de sal, residuo de la propia conserva, estropee la preparación.

NOTA DE... "CATA" DIETÉTICA

Dos ingredientes con valiosas propiedades se alían para enriquecer este nutritivo plato de pasta. El atún en aceite incorpora las **proteínas animales** bajas en colesterol y las aceitunas tienen un valor vitamínico muy elevado. La guindilla es rica en **vitaminas C** y del **complejo B.** Este plato no es muy calórico, su contenido en grasas es bajo y, además, éstas son en su mayoría insaturadas.

HAY QUE SABER... Al ir al mercado puede ser interesante hacer una provisión de aceitunas, útiles para un gran número de recetas. Las que no se consuman de inmediato deberán guardarse en la despensa en un recipiente con aceite de oliva, o con una mezcla de agua, aceite y vinagre.

Cintas de otoño a la carbonara

Esta receta, una de las más clásicas de la cocina italiana, se enriquece con el sabor del bosque que le regalan los champiñones. Es un plato tentador y fácil de preparar.

INGREDIENTES (para 4 personas)
cintas ▸ 400 g
panceta ahumada ▸ 50 g
champiñones ▸ 300 g
yemas de huevo ▸ 2
perejil ▸ un manojo
queso parmesano rallado ▸ 50 g
mantequilla ▸ 20 g
pimentón picante
sal

HAY QUE SABER... El perejil, que aromatiza tantas recetas de pasta, es oriundo de la isla mediterránea de Cerdeña, desde donde se extendió por todo el Mediterráneo. Los antiguos griegos (que no lo usaban en la cocina) lo consideraban una de las hierbas protegidas por los dioses, y lo apreciaban por sus cualidades medicinales e incluso cosméticas.

TRUCO

Un buen procedimiento para limpiar los champiñones es recortar la parte negra de los pedúnculos, sumergirlos en agua fría y escurrirlos enseguida sobre un paño limpio.

NOTA DE... "CATA" DIETÉTICA

Este plato resulta muy completo en su composición, ya que aporta **glúcidos, proteínas** y **grasas** de forma equilibrada. Es altamente energético, y acompañado de una ensalada aporta prácticamente todos los nutrientes necesarios para el organismo. Alto en calorías y en grasas.

1 **Limpiar los champiñones** con cuidado, lavarlos, secarlos con un paño y cortarlos en láminas finas. Limpiar y **picar el perejil. Cortar la panceta** en taquitos y **sofreírla,** sin aceite, a fuego bastante fuerte en una sartén de hierro, hasta que esté bien crujiente; apartar del fuego y reservar. Dejar en la sartén **una cucharada de la grasa** que ha soltado la panceta (tirar la restante) y **freír los champiñones** a fuego vivo durante 2 o 3 minutos, removiéndolos de vez en cuando con una cuchara de madera; al final, **añadir el perejil picado.**

2 Mientras tanto, **cocer la pasta *al dente*** en una olla con abundante agua y sal. Escurrirla y ponerla en una sartén con 2 o 3 cucharadas del agua de cocción; **añadir la mantequilla** reblandecida a temperatura ambiente, **remover** bien la pasta y **agregar la panceta, los champiñones y las yemas** de huevo batidas con un poco de **pimentón.**

3 **Poner la preparación al fuego, remover** rápidamente para que los ingredientes se mezclen bien y **servir** a continuación en el mismo recipiente de cocción, espolvoreándola con el **queso rallado.**

ALTERNATIVAS

Esta receta puede prepararse con cualquier tipo de pasta larga e incluso con macarrones o plumas. Los champiñones son, en todo caso, opcionales, pues en muchas regiones de Italia la pasta a la carbonara se prepara sólo con jamón de Parma cortado en daditos.

Marco Polo y la pasta

Al parecer, la leyenda de que la pasta fue traída de China por Marco Polo ha sido descartada por los historiadores del buen comer, pero tal es el encanto que se desprende de las páginas del *Libro de las Maravillas del Mundo (Il Milione,* en el título original italiano), en el que el veneciano relata sus fabulosos viajes, que la imaginación popular se resiste a dejar en el haber de algo tan vulgar como "una red comercial", por antigua que ésta sea, la historia de la llegada a Europa de uno de los alimentos más emblemáticos del continente. Así, la figura de Marco Polo regresa una y mil veces a las páginas de gastronomía, a veces, ciertamente, para ser descartado como protagonista del evento, pero siempre regresa, y sus andanzas por el Lejano Oriente se evocan una y otra vez con toda su carga de aventura y misterio.

Marco Polo era apenas un adolescente de diecisiete años cuando sus tíos, Niccolò y Maffeo Polo, decidieron llevarle con ellos en su segundo viaje a Catay, nombre con el que en la Edad Media era conocida en Europa la actual China. Partieron en 1271 cruzando Asia a través de la llamada Ruta de la seda, una vía comercial que se extendía desde Constantinopla hasta Catay. Cuatro años después, los Polo llegaban a las puertas de Ciandu, al norte de la Gran Muralla china, capital de verano del gran emperador mogol Jubilai Jan.

Marco fue nombrado intendente del Jan, por lo que recorrió una y otra vez el inmenso imperio mogol. Se dice que fue entonces cuando descubrió los fideos largos y finos (padres de los espaguetis).

Hay una tradición que afirma que el ravioli de Bolonia, de formato redondo, se inspira en el ombligo de Venus, diosa del amor, que, en uno de sus viajes a la Tierra, pernoctó en una posada de aquellas comarcas, donde pudo verla desnuda un alucinado posadero (por supuesto, el inventor del ravioli). El cuadro El nacimiento de Venus*, de Sandro Boticelli (1445-1510), permite comprender muy bien el impacto que debió experimentar el boloñés al contemplar a su hermosa visitante. Otra historia nos informa de que los tallarines al huevo, de un suave color amarillo, se crearon sobre el modelo de los rubios y sensuales cabellos de la hermosa Lucrecia Borgia. No hay que olvidar las leyendas; son un ingrediente fundamental de la poesía, y ésta nunca sobra, ni siquiera en la mesa.*

Plumas a la salsa de limón

Una receta en la que se combinan el limón y la nata puede parecer inventada por un nostálgico de la pastelería, pues el resultado es un apetitoso plato de textura suave que se come sin sentir.

INGREDIENTES (para 4 personas)
plumas o macarrones ▸ 400 g
limones ▸ 3
nata de cocina ▸ 100 g
queso parmesano rallado ▸ 50 g
mantequilla ▸ 30 g
perejil ▸ un manojo
sal

1 **Rallar la corteza de los limones** (sólo la parte amarilla). Poner la ralladura en un bol, **añadir la nata y la mantequilla** reblandecida a temperatura ambiente y **remover** bien los ingredientes con una cuchara de madera hasta obtener una salsa cremosa y homogénea.

2 Mientras tanto, **cocer la pasta *al dente*** en una olla con abundante agua y sal. Escurrirla, **condimentarla con la salsa de limón** y **espolvorearla con el queso parmesano rallado.**

3 **Trasladar la preparación a una fuente** y, si se desea dar un toque de color al plato, **decorar con unas rodajas de limón** y **espolvorear con perejil picado.** Servir enseguida.

HAY QUE SABER... Siempre se puede disponer de limones, pues el limonero florece y da frutos durante todo el año y un ejemplar adulto puede dar hasta 1.500 limones. Si es posible, elegir los que proceden de huertos cercanos a la ciudad de residencia del comprador, recordando que los de piel fina dan más zumo que los de piel gruesa.

ALTERNATIVAS

Una manera de hacer más ligero este plato es sustituir la combinación de nata y mantequilla por crema de leche. También será menos sabroso, por lo que se puede animar con una pizca de pimienta blanca.

TRUCO

La piel de los frutos suele conservar restos de los productos químicos con los que los trata el agricultor. Antes de rallar el limón, conviene lavarlo en agua con unas gotitas de lejía, y luego aclararlo varias veces bajo el grifo.

NOTA DE... "CATA" DIETÉTICA

La mayor parte de las calorías de esta receta corresponden a la nata, el queso y la mantequilla, por lo que aconsejamos compensarla con platos más ligeros para el resto del menú. Bastante calórico y rico en grasas.

Espaguetis a los aromas de Jerez

Este plato es una verdadera delicia, el resultado de una insólita combinación de sabores dominada por las hierbas aromáticas, a la que un vino criado al sol de Andalucía aporta un toque de distinción.

1 Picar la cebolla junto con la panceta, las hierbas aromáticas, la zanahoria y el apio previamente raspados y lavados. **Sofreír** estos ingredientes en una sartén **con el aceite y la mitad de la mantequilla. Añadir el diente de ajo** pelado y ligeramente aplastado.

2 Removerlo todo y **dejar que se dore** a fuego lento. Retirar el ajo y **añadir los guisantes.** Remover de nuevo y rehogar durante 10 minutos. **Incorporar los menudillos** de pollo, previamente limpios y troceados. Cuando la mezcla empiece a estar dorada, **salpimentar, rociar con el vino** de Jerez y dejarlo evaporar poco a poco.

3 Añadir el tomate concentrado, desleído aparte con un cacillo de caldo caliente, y seguir removiendo.

4 Cocer la pasta *al dente* en una olla con abundante agua y sal. Escurrirla y **agregarla a la sartén de los menudillos;** mezclar bien.

5 Espolvorear la pasta con el queso rallado, añadir la mantequilla restante troceada y remover con dos cucharas grandes hasta que todos los ingredientes estén bien mezclados. Trasladar la preparación a una fuente honda y servir inmediatamente.

INGREDIENTES (para 4 personas)
espaguetis ▸ 400 g
menudillos de pollo ▸ 200 g
guisantes ▸ 50 g
cebolla ▸ una pequeña
zanahoria ▸ una pequeña
apio ▸ un tallo
panceta ▸ 50 g
mantequilla ▸ 40 g
aceite ▸ 2 cucharadas
vino de Jerez dulce ▸ medio vaso
salvia ▸ 4 hojas
romero ▸ una ramita
ajo ▸ un diente
tomate concentrado ▸ una cucharada
caldo de carne ▸ 200 ml
queso de oveja curado rallado ▸ 50 g
sal y pimienta

TRUCO

Para que los espaguetis no se rompan al meterlos en la olla, hay que cogerlos por un extremo e introducirlos en el agua hirviendo lentamente; poco a poco se irán doblando hasta sumergirse enteros.

ALTERNATIVAS

Muchas personas sienten aprensión por los menudillos, por lo que puede ser una buena idea sustituirlos por albondiguillas de carne picada o, mucho más fácil, por salchichas cortadas en trocitos pequeños.

HAY QUE SABER... Las hierbas aromáticas frescas no tienen el mismo aroma y sabor que las secas. Algunas, como la salvia y el romero, son fáciles de encontrar en primavera; otras abundan todo el año, como el perejil y la albahaca.

NOTA DE... "CATA" DIETÉTICA

Los menudillos de pollo proporcionan **proteínas** de alto valor biológico, además de **vitaminas** y **minerales,** principalmente **hierro.** La panceta, el queso y la mantequilla incrementan el contenido de colesterol. Altamente calórico y rico en grasas.

Macarrones con pavo y piñones

En la cocina, la originalidad consiste en descubrir combinaciones que se aparten de los caminos trillados, como en esta receta, en la que reina el intenso sabor a madera de los diminutos piñones. Por su textura suave, es un plato que encantará a los más pequeños de la casa.

INGREDIENTES (para 4 personas)
macarrones ▸ 350 g
pechuga de pavo deshuesada ▸ 200 g
piñones ▸ 50 g
harina de trigo ▸ 2 cucharadas
perejil ▸ un manojo
caldo vegetal ▸ medio litro
vino blanco seco ▸ una copa
queso parmesano rallado ▸ 4 cucharadas
mantequilla ▸ 50 g
sal y pimienta

1 **Cortar la pechuga** de pavo en taquitos muy pequeños. **Limpiar y picar el perejil. Calentar 30 gramos de mantequilla** en una cazuela, **freír la carne** a fuego vivo, **añadir los piñones** y, sin dejar de remover con una cuchara de madera, **salpimentar y agregar la harina.**

2 **Rociar con el vino** y dejar que se evapore. **Añadir un cacillo de caldo** vegetal; **cocerlo** todo durante 15 minutos y agregar más caldo si es necesario. Al final, sin dejar de remover, **añadir la mantequilla restante y el perejil picado.**

3 Mientras tanto, **cocer la pasta *al dente*** en una olla con abundante agua y sal. Escurrirla y ponerla en una fuente; **condimentarla** con la salsa, **espolvorearla con el queso rallado** y servirla enseguida.

HAY QUE SABER... Los macarrones se citan por primera vez en España como un plato extranjero en un libro escrito a finales del siglo XVIII por el barón de Maldá. La fama gastronómica de la Barcelona de la época no era muy buena; la mejor restauración estaba dominada por italianos y suizos.

NOTA DE... "CATA" DIETÉTICA

El pavo proporciona a esta receta **proteínas animales** de buena calidad, ricas en **vitamina B_{12},** pero con bajo nivel de grasa y colesterol. Los piñones aportan valiosos minerales, como **fósforo, hierro** y **magnesio.** Bajo en calorías y en grasas.

TRUCO

Vale la pena guardar en la nevera, o incluso congelar, el sobrante del caldo vegetal, pues puede ser una buena base para una sopa o para la preparación de una salsa.

ALTERNATIVAS

Esta sencilla receta casera puede llenarse de señorío aderezando la preparación con unas laminillas de ese maravilloso producto que es la trufa. Si, además, se sustituye el vino blanco por un cava brut, puede resultar un plato magnífico, alegre y chispeante.

Lazos al aroma mediterráneo

Los italianos llaman a esta pasta “farfalle”, es decir, mariposas, tan ligero es su aspecto y tan estética resulta en este plato de gran actualidad, elaborado con algunos de los ingredientes más antiguos de nuestros recetarios.

INGREDIENTES (para 4 personas)
lazos ▸ 350 g
tomates ▸ 300 g
aceitunas negras ▸ 150 g
alcaparras en vinagre ▸ 10 g
ajo ▸ un diente
aceite de oliva ▸ 3 cucharadas
sal y pimienta

NOTA DE... “CATA” DIETÉTICA

De esta receta destacamos el tomate, rico en **vitaminas C** y **E,** así como en **licopeno,** una sustancia con alto poder antioxidante, y las aceitunas, que tienen un elevado contenido en **cinc.** Este plato resulta ligero en calorías y bajo en grasas.

HAY QUE SABER... Aunque parezca mentira, las alcaparras, con su aspecto arrugado y parecido a un higo diminuto, nacen de una preciosa planta de grandes y olorosas flores blancas. Suelen encontrarse encurtidas, es decir, conservadas en vinagre y sal, y poseen un cierto sabor marino, por lo que son imprescindibles en muchos platos de pescado; aunque no se sabe qué sería del bistec tártaro sin ellas: algo en verdad inconcebible.

ALTERNATIVAS

Una buena manera de dotar de variedad este plato es emplear pastas de color. Las rojas tienen sabor a tomate; las verdes, a espinacas, y las anaranjadas están aromatizadas con azafrán. Con cualquiera de ellas puede utilizarse el condimento de esta receta, pues el sabor de las aceitunas negras y el del tomate se integrarán a la perfección.

1 **Escaldar los tomates** en un cazo con agua hirviendo; escurrirlos, pelarlos, eliminar las semillas y el agua vegetal, y **partir la pulpa** en daditos o en trozos. **Deshuesar las aceitunas y trocearlas. Escurrir las alcaparras** y secarlas con un paño.

2 **Pasar por la picadora las aceitunas deshuesadas, las alcaparras y el diente de ajo** pelado, y **añadir el aceite.** Batir los ingredientes hasta obtener una salsa homogénea y verterla en una cazuela. **Dejar cocer la salsa** lentamente, **agregar los tomates** troceados, remover y rehogarlos ligeramente. **Probar y salpimentar.**

3 Mientras tanto, **cocer la pasta *al dente*** en una olla con abundante agua y sal. Escurrirla y **condimentarla con la salsa** de aceitunas y tomate, añadiendo, si es necesario, 2 o 3 cucharadas del agua de cocción de la pasta. Remover los lazos y servirlos muy calientes.

TRUCO

Es aconsejable probar el condimento después de añadir a la preparación las aceitunas y las alcaparras, pues éstas aportan bastante sal a la receta.

Caracolas a la campesina

La combinación de pasta y verduras de la estación es una de las más empleadas en las nuevas tendencias culinarias, pues los jóvenes cocineros no sólo buscan en un plato sabor o color, sino también que sea sano y nutritivo.

INGREDIENTES (para 4 personas)
caracolas ▸ 350 g
berenjena ▸ una
pimiento amarillo ▸ uno
panceta ▸ 80 g, en una sola loncha
cebolla ▸ una
perejil ▸ un manojo
ajo ▸ un diente
aceite de oliva ▸ 3 cucharadas
sal y pimienta

1 **Limpiar la berenjena,** cortarla en tiras, salarlas y dejarlas reposar 30 minutos en un escurridor para que suelten el agua. **Limpiar el pimiento,** secarlo y cortarlo también en tiras.

2 Pelar y **picar la cebolla y el diente de ajo.** Trocear la panceta. Limpiar y **picar el perejil. Sofreír ligeramente el ajo y la cebolla** en una cacerola con el aceite, **añadir la panceta troceada y el pimiento** y rehogarlo todo durante 2 minutos, removiendo con una cuchara de madera.

3 **Agregar las tiras de berenjena,** previamente lavadas y secadas, y proseguir la cocción 8 minutos a fuego lento. **Salpimentar.** Mientras tanto, **cocer la pasta *al dente*** en una olla con abundante agua y sal. Escurrirla y **condimentarla** con la salsa preparada. **Espolvorear la pasta con el perejil picado** y servirla bien caliente.

NOTA DE... "CATA" DIETÉTICA

El pimiento destaca por su riqueza en **potasio** y **vitaminas A** y **C,** y el perejil es muy rico en **hierro** y **calcio.** La cebolla es diurética y posee efectos muy beneficiosos sobre la circulación. La berenjena es rica en **calcio** y **fósforo,** además de ligeramente diurética y laxante (nunca deben consumirse crudas). Alto en calorías y en grasas.

TRUCO

Al preparar la pasta hay que tener en cuenta que, una vez cocida, dobla su volumen. Elegir siempre una olla grande: la pasta debe "nadar" en el agua.

HAY QUE SABER... Entre todas las variedades de cebolla, la española de piel roja es la más dulce y una de las más suaves. Hay que renovarlas con frecuencia, pues, aunque tienen aspecto de durar por la calidad de las capas que las cubren, lo cierto es que se estropean con facilidad y, cuando están un tanto pasadas, pican más y distorsionan el sabor de los sofritos y de las salsas.

ALTERNATIVAS

Los pimientos amarillos resultan a veces difíciles de encontrar, aunque suelen tenerlos en los grandes supermercados. A la hora de buscarles sustituto, se recomienda elegir los de color rojo, pues su sabor, un poco más dulzón que el de los verdes, se acomoda mejor al de la berenjena.

Caracolas con salsa de pescado

He aquí un plato especialmente bonito, pues esta curiosa pasta en forma de caracoles de mar parece fabricada con la imaginación puesta en sus eventuales acompañantes marineros.

INGREDIENTES (para 4 personas)
caracolas ▸ 320 g
mero ▸ 250 g en una sola rodaja
tomates ▸ 400 g
cebolla ▸ una
ajo ▸ un diente
albahaca ▸ unas hojas
perejil ▸ un manojo
aceite de oliva ▸ 4 cucharadas
sal y pimienta en grano

1 **Escaldar los tomates** en un cazo con agua hirviendo, escurrirlos, quitarles la piel y las semillas y **trocear la pulpa. Pelar y picar la cebolla.** Pelar y **aplastar ligeramente el ajo.** Lavar, secar y **picar el perejil. Cortar en tacos el mero,** previamente lavado y secado.

2 **Rehogar en una cazuela con el aceite la cebolla, el ajo y las hojas de albahaca** lavadas, secadas y troceadas. **Retirar el ajo y agregar el pescado.** Removerlo delicadamente con una cuchara de madera, **sofreírlo** y **añadir el tomate troceado, un poco de sal y un pellizco de pimienta** recién molida. **Proseguir la cocción** 10 minutos.

3 Mientras tanto, **cocer la pasta *al dente*** en una olla con abundante agua y sal. Escurrirla, ponerla en una fuente, **condimentarla** con la salsa preparada y **espolvorearla** generosamente **con pimienta** recién molida. **Añadir el perejil picado,** remover de nuevo la pasta y servirla inmediatamente.

NOTA DE... "CATA" DIETÉTICA

Las grasas del pescado son ricas en **ácidos grasos poliinsaturados.** Además, el mero no tiene colesterol. A las buenas propiedades del perejil, el ajo y la cebolla, añadimos las de la albahaca, que además de aportar su agradable aroma, estimula la digestión. Plato bajo en calorías y en grasas.

ALTERNATIVAS

El condimento de este plato es lo que le confiere personalidad; por tanto, a la hora de buscar una novedad, será mejor pensar en otro tipo de pasta. Los fussili (espirales) serán una buena alternativa, así como también las orecchiette, una especialidad de Apulia, región del suroeste de Italia.

TRUCO

Para que la albahaca conserve toda su frescura, es mejor partir las hojas con los dedos que cortarlas con un cuchillo.

HAY QUE SABER... Es muy fácil disponer permanentemente de albahaca, pues crece sin problemas en una simple maceta. Y, en realidad, es lo mejor, porque hay que cogerla tierna, pues su sabor y su aroma son fugitivos. Tiene gran afinidad con el tomate, por lo que resulta magnífica consumida cruda, incorporada a una ensalada. Junto con los piñones, es la base del famoso pesto a la genovesa, una de las mejores salsas para combinar con la pasta.

Pasta mar y montaña

He aquí un original y vistoso plato nacido de una combinación inesperada que rezuma la nostalgia de las bellas tierras gallegas, de las rústicas verduras de sus campos y de los magníficos pescados y mariscos de sus mares.

INGREDIENTES (para 4 personas)
orecchiette ▸ 350 g
nabizas ▸ 800 g
almejas ▸ 500 g
filetes de anchoa en aceite ▸ 3
ajo ▸ 2 dientes
vino blanco seco ▸ medio vaso
aceite de oliva ▸ 5 cucharadas
sal y pimienta

1 **Dejar las almejas sumergidas en abundante agua con sal** durante varias horas. Mientras tanto, **limpiar las nabizas,** eliminando los tallos y las hojas más duras; separar las puntas y las hojas tiernas, lavarlas en abundante agua fría, escurrirlas y reservarlas. **Pelar y aplastar ligeramente los dientes de ajo** (quitarles el brote central si es necesario).

2 **Escurrir las almejas y ponerlas en una sartén con el vino blanco,** una cucharada de **aceite y un diente de ajo.** Tapar el recipiente y **dejar que se abran las almejas** a fuego vivo, agitando de vez en cuando la sartén; apartar del fuego, **sacar los moluscos de las conchas** y ponerlos en un bol. Desechar las almejas que no se hayan abierto, **filtrar el líquido de cocción y reservarlo** en un cuenco.

3 **Cocer la pasta *al dente*** en una olla con abundante agua y sal. Unos 5 minutos antes de finalizar la cocción, **agregar las nabizas.**

4 **Poner en una cazuela el aceite y el ajo restantes.** Dorarlo ligeramente y retirarlo. **Añadir los filetes de anchoa troceados y las almejas** con el líquido de cocción y espesar la salsa rápidamente. Escurrir la pasta y las nabizas, **condimentar** con la salsa preparada, **espolvorear** con una pizca de **pimienta,** remover y servir.

HAY QUE SABER... Los platos "mar y montaña" nacieron en las estrechas franjas costeras de la tierra mediterránea, aquellas cuyos habitantes necesitaban complementar el alimento traído por sus pescadores con el producto de los pequeños huertos domésticos, o con las aves de sus corrales. Constituyen un plato único de inimitables características.

TRUCO

El secreto de un buen plato de pasta es su cocción *al dente,* es decir, debe estar tierna al morderla, pero ofrecer una cierta resistencia en su interior.

Las almejas deben abrirse a fuego vivo para evitar que se sequen demasiado. Aquellas que no se abran tendrán que ser desechadas.

ALTERNATIVAS

Las nabizas o grelos, que son las hojas tiernas de los nabos cogidas cuando comienzan a crecer, son muy populares en la cocina gallega, pero pueden ser difíciles de encontrar. Una alternativa sería sustituirlas por verduras de hojas larga, como acelgas o espinacas, o incluso por una buena col valenciana.

El vistoso color verde de las nabizas o grelos confiere a este plato un hermoso contraste tonal.

NOTA DE... "CATA" DIETÉTICA

Las nabizas son más ricas en nutrientes que la raíz de la planta, los nabos. Las almejas aportan, además de las **proteínas,** valiosos minerales como **fósforo, cinc** y **hierro.** Este plato es rico en **proteínas** y **carbohidratos,** y bajo en grasas.

pasta rellena

Raviolis con ragú de ternera

Las carnes y la pasta se complementan a las mil maravillas. Este plato resulta un poco contundente, y está especialmente indicado para gente con buen apetito. Aunque es tan sabroso que nadie querrá comer “un poco menos”.

1 **Escaldar los tomates** en agua hirviendo, escurrirlos, pelarlos, quitarles las semillas y **trocearlos.** Limpiar y **picar el perejil.** Pelar y **picar la cebolla y el diente de ajo; sofreírlos** en una cazuela con 2 cucharadas de aceite, sin que lleguen a dorarse. **Agregar la carne** de ternera picada y freírla hasta que se dore bien. **Añadir el vino** y dejar que se evapore a fuego vivo.

2 **Incorporar el tomate** troceado **y el perejil** picado. **Sazonar** la preparación **con una pizca de nuez moscada, sal y pimienta.** Seguir la cocción durante una hora a fuego lento y con el recipiente tapado, añadiendo de cuando en cuando un poco de caldo caliente.

3 Mientras tanto, **cocer la pasta *al dente*** en una olla con abundante agua y sal. Escurrirla con cuidado procurando no romperla, **condimentarla con el ragú** de carne y servir bien caliente.

INGREDIENTES (para 4 personas)
raviolis de espinacas ▸ 400 g
carne de ternera picada ▸ 200 g
vino tinto ▸ una copa
caldo de carne ▸ un cazo
tomates ▸ 3
cebolla ▸ media
perejil ▸ un manojo
ajo ▸ un diente
aceite de oliva ▸ 2 cucharadas
nuez moscada
sal y pimienta

TRUCO

Al calcular los tiempos de cocción de la pasta, hay que empezar a contar desde el momento en que el agua recupera el hervor tras añadirle la pasta.

HAY QUE SABER... Al comprar carne picada, es aconsejable elegir un trozo que no contenga mucha grasa, y hacerlo picar en el momento. Incluso así, la carne se estropea con rapidez y en verano es necesario no mantenerla fuera del frigorífico ni un minuto más de lo necesario.

ALTERNATIVAS

Un poco de carne de ave, pollo o pavo, puede cambiar el sabor básico del plato, sobre todo si, como corresponde, se sustituye el vino tinto por un buen blanco seco.

NOTA DE... "CATA" DIETÉTICA

La carne proporciona a este plato las **proteínas animales** que complementan los **hidratos de carbono** de la pasta. Es ideal como plato único o acompañado de una ensalada. Resulta alto en calorías y relativamente bajo en grasas.

Canelones de carne clásicos

Con algunas variaciones, ésta es la más popular de las recetas de canelones. Da un poco de trabajo, pero no es tan grave si se piensa en ellos como plato principal: el resultado será plenamente satisfactorio.

INGREDIENTES (para 4 personas)
pasta para canelones ▸ 200 g
carne de ternera picada ▸ 50 g
pechuga de pavo ▸ 150 g
jamón cocido ▸ 200 g
higadillos de pollo ▸ 150 g
trufa negra ▸ una
cebolla ▸ una
nata de cocina ▸ 2 cucharadas
queso gruyère rallado ▸ 100 g
mantequilla ▸ 50 g
sal y pimienta

1 Pelar y **picar la cebolla, mezclarla con la carne** de ternera picada y **dorarla** en una cazuela con 30 gramos de mantequilla. **Añadir** a la cazuela un decilitro de **agua, salpimentar y cocer** a fuego lento hasta que el líquido se haya reducido a la mitad.

2 **Picar juntos la pechuga de pavo, los higadillos, la trufa y el jamón** cocido. Poner la mezcla en un bol e **incorporar** poco a poco las 2 cucharadas de **nata,** un pellizco de **sal** y otro de **pimienta.** Remover bien con una cuchara de madera.

3 Mientras tanto, **cocer la pasta *al dente*** en una olla con abundante agua y sal. Escurrirla con cuidado y **rellenar los canelones** con el preparado, procurando no romperlos.

4 **Untar** con mantequilla **una fuente** de hornear. **Poner** en el fondo **una capa de canelones y cubrirla** con unas cucharadas de la **salsa de ternera** preparada anteriormente, repartir por encima unos trocitos de mantequilla y **espolvorear con el queso rallado. Gratinar** los canelones durante 15 minutos en el horno a 200 °C, hasta que la superficie se haya dorado uniformemente.

TRUCO

Antes de picar las carnes, mantenerlas un par de horas en el frigorífico con unos cuantos clavos de olor, que luego se retirarán: quedan maravillosamente perfumadas.

HAY QUE SABER... Los canelones son ideales para aprovechar las sobras de otros platos. Por ejemplo, es el plato principal tradicional del día de San Esteban en Cataluña y se preparan con las sobras de la "escudella i carn d'olla" típica del día de Navidad.

NOTA DE... "CATA" DIETÉTICA

Los canelones con relleno de carne son un plato muy completo y rico en **hierro** y **vitaminas B_{12}, B_9** y **A,** por lo que resulta ideal como plato para niños en edad de crecimiento y, además, les encanta. Es alto en grasas y muy calórico.

ALTERNATIVAS

Una variante clásica de esta receta se prepara sustituyendo la pechuga de pavo y el jamón por carne de cerdo picada y un poco de foie-gras, que irá de maravilla con la trufa. El relleno queda más suave, pero hay que procurar reducir la pimienta, o usar de preferencia la variedad blanca.

Raviolis arco iris

Redondos o cuadrados, rellenos de carne o de verdura, los raviolis son un plato de gusto de cualquier comensal. Esta receta está especialmente dedicada a los amantes de la cocina natural y de las presentaciones vistosas.

INGREDIENTES (para 4 personas)
raviolis de carne o verduras ▸ 400 g
berenjena ▸ una
zanahoria ▸ una
calabacines ▸ 2
judías verdes ▸ 200 g
guisantes ▸ 150 g
albahaca ▸ un manojo
mantequilla ▸ 50 g
sal y pimienta

1 **Limpiar la berenjena, la zanahoria, los calabacines y las judías** verdes; **cortarlos** por separado en daditos o en tiras. Lavar, secar y **trocear la albahaca.**

2 **Derretir la mantequilla** en una sartén y **añadir la zanahoria y las judías,** medio vaso de **agua** y un poco de **sal y pimienta. Agregar los guisantes** transcurridos 5 minutos y dejar cocer las hortalizas 5 minutos más. **Incorporar los calabacines y la berenjena** en daditos y proseguir la cocción 5 o 6 minutos. Al final, **espolvorear** la preparación con **la albahaca**.

3 Mientras tanto, **cocer la pasta *al dente*** en una olla con abundante agua y sal. Escurrirla, ponerla en una fuente y **condimentarla** con el ragú de hortalizas preparado. Removerlo todo bien para mezclar los ingredientes y servir los raviolis muy calientes.

NOTA DE... "CATA" DIETÉTICA

Las verduras enriquecen este plato sin añadirle apenas calorías. Destaca principalmente el aporte de **fibra,** en especial de los guisantes, tan necesaria para regular el tránsito intestinal. Se puede aligerar el contenido en colesterol sustituyendo la mantequilla por margarina vegetal. Medio en calorias y en grasas.

HAY QUE SABER... Al comprar zanahorias, hay que tener en cuenta que las que se encuentran en el supermercado, de gran tamaño, se recolectan pensando más en el vendedor que en el consumidor, pues resisten mejor el transporte, por lo que no resultan tan tiernas y sabrosas como las de la huerta.

ALTERNATIVAS

Todas las pastas rellenas admiten ser combinadas con esta preparación de hortalizas. En las tiendas especializadas en pasta fresca se pueden comprar tortelloni, que tienen forma triangular y están rellenos de los más variados ingredientes.

TRUCO

Hay que usar siempre instrumentos de cocina de madera cuando se trabaja con sartenes, pues éstas quedarán inutilizadas si se estropea el revestimiento antiadherente.

Canelones a la napolitana

Esta receta, basada en una de las más clásicas de la cocina italiana, se orquesta de maravilla con el añadido de quesos frescos y curados, arropados por las hierbas aromáticas. Es perfecta para una día caluroso, acompañada de un vino tinto ligero de calidad.

1 Preparar una salsa de tomate: **escaldar los tomates** en agua hirviendo, escurrirlos, **pelarlos,** eliminar las semillas y el agua vegetal, y **trocearlos. Limpiar la cebolleta,** eliminando las raíces y la parte verde; lavarla, secarla y **picarla** fina; lavar, secar y **picar la albahaca y el tomillo.**

2 Sofreír la cebolleta picada en una cacerola con el aceite, sin dejar que se dore. **Agregar los tomates** troceados, la mitad de la **albahaca, el tomillo** y un poco de **sal y pimienta** recién molida; cocer durante 10 o 12 minutos a fuego lento.

3 Mientras tanto, **preparar el relleno: picar el jamón** cocido y reservarlo; **cortar la mozzarella** en daditos y dejarlos escurrir en un colador durante 15 minutos. **Batir el requesón con los huevos** en un bol, y **añadir** un poco de **sal y pimienta** recién molida. Agregar los daditos de **mozzarella, el jamón y la albahaca** restante picados y **2 cucharadas de queso parmesano** rallado, y remover los ingredientes con una cuchara de madera para que se mezclen bien.

4 Mientras tanto, **cocer la pasta *al dente*** en una olla con abundante agua y sal. **Escurrirla** sobre un paño limpio. **Poner un poco del relleno** de queso y jamón en el centro de cada rectángulo de pasta y **formar los canelones** envolviéndolos en el sentido transversal. Ponerlos en una fuente de hornear untada con mantequilla, **repartir** por encima la **salsa de tomate y espolvorearlos con el queso parmesano** restante. Introducir la fuente en el horno precalentado a 200 °C y cocer los canelones durante 15 minutos.

INGREDIENTES (para 4 personas)
pasta para canelones ▸ 200 g
tomates ▸ 300 g
cebolleta ▸ una
jamón cocido ▸ 70 g, en una loncha
queso mozzarella ▸ 100 g
requesón ▸ 300 g
huevos ▸ 2
queso parmesano rallado ▸ 4 cucharadas
mantequilla ▸ 20 g
albahaca ▸ dos manojos
tomillo ▸ un manojo
aceite de oliva ▸ 3 cucharadas
sal y pimienta en grano

NOTA DE... "CATA" DIETÉTICA

El **calcio** de esta receta está garantizado por el requesón y el parmesano, muy rico en **proteínas** de alta calidad; así, 50 gramos de este queso aportan las proteínas equivalentes a 100 gramos de carne. Además de su aroma, el tomillo estimula el apetito y es muy digestivo. Plato altamente calórico y rico en grasas.

HAY QUE SABER... La primera cocina europea que empleó la salsa de tomate fue la italiana, y lo hizo, desde luego, para acompañar un plato de pasta. Buena pasta, mejor mantequilla, salsa de tomate y excelente parmesano era todo lo que un napolitano necesitaba para prepararse un plato magnífico.

TRUCO

Para hervir los canelones sin que se rompan, hay que echarlos en abundante agua; luego, se sacan, uno a uno, con una espumadera, y se dejan escurrir sobre un paño limpio antes de proceder al relleno.

ALTERNATIVAS

La mozzarella y el parmesano son dos pesos pesados entre los quesos italianos. El plato quedaría más suave sustituyendo el primero por un cheddar inglés y el segundo por un chester, de sabor anuezado.

La salsa de tomate añade un toque de alegría y vistosidad a los canelones.

El requesón integra con suavidad en el relleno los quesos fuertes.

portafolio

El trigo: una historia de miles de años

Al parecer, la agricultura estuvo en manos de las mujeres en las sociedades prehistóricas. Mientras los hombres cazaban, ellas recogían en los campos las semillas antecesoras de nuestros cereales; luego, plantaron deliberadamente estas semillas, las regaron y las recolectaron, dando así nacimiento a una fuente de alimento esencial. Al controlar la producción de los frutos de la tierra, comenzó una nueva vida para ellas, sus hombres y sus hijos, y los pueblos crecieron, pues se alimentaban mejor.

La invención del arado dejó la agricultura en manos de los hombres, poseedores de la fuerza, pero el recuerdo del ancestral beneficio de las mujeres dejó sus huellas en los rituales de las sociedades evolucionadas.

Los cereales llegaron a nuestras tierras desde Asia Menor, Armenia y Siria hace más de diez mil años, como atestiguan los granos de avena, cebada y trigo hallados en las antiguas sepulturas en toda la cuenca mediterránea. Ya entonces se creó la imagen de los campos de cereales tal y como los conocemos: extensos hasta perderse en el horizonte, dorados al sol de la mañana, sólo comparables a un mar terreno.

En una u otra forma, los cereales jamás han faltado en ninguna mesa, pobre o aristocrática, ni en el zurrón de caminantes y peregrinos.

La tarde cae sobre la aldea y los campos. La siega ha terminado; las carretas han acercado el trigo a la parva y en ella, bajo la vigilancia de un capataz a caballo, los campesinos reúnen las gavillas y las preparan para la trilla, que separará el grano de la paja. Unas muchachas se separan del grupo; recorren el campo y en sus delantales, convertidos en improvisadas bolsas, recogen las espigas olvidadas por los segadores. Será un poco de harina extra para llevar a casa, un poco más de pan para sus familias. Al retratar a Las espigadoras, *el pintor francés Jean-François Millet (1814-1875) se conmueve ante la pobreza de las jóvenes y hace de ellas las protagonistas de su obra.*

Tortellinis reales

Para niños y mayores, para novatos y cocineros expertos: todo el esplendor de la pasta rellena revestida con una salsa en blanco, ligera y espumosa, con aromas del Índico, que sin duda encantará al paladar.

INGREDIENTES (para 4 personas)
tortellinis ▸ 500 g
requesón ▸ 200 g
jamón ibérico ▸ 50 g, en una loncha
perejil ▸ un manojo
nuez moscada
nata de cocina ▸ 50 g
queso parmesano rallado ▸ 50 g
mantequilla ▸ una cucharada
sal y pimienta en grano

1 **Trabajar el requesón** durante unos minutos en un bol con una cuchara de madera, **añadir la nata** y mezclar bien. Sin dejar de remover, **agregar el queso parmesano, nuez moscada** rallada y un poco de **sal y pimienta** recién molida. **Cortar el jamón** en tiras y **rehogarlo** con la mantequilla en una sartén, **incorporar** la mezcla de **nata** y mantener caliente la preparación.

2 Precalentar el horno a 180 °C. Limpiar y **picar el perejil.** Mientras tanto, **cocer la pasta *al dente*** en una olla con abundante agua y sal. Escurrirla y ponerla en una fuente de hornear ligeramente untada con mantequilla.

3 **Agregar** a la pasta **la salsa** preparada, **espolvorear** con abundante **perejil** picado y remover para mezclar bien los ingredientes. **Gratinar** la preparación en el horno durante 4 o 5 minutos. Servir inmediatamente, en el mismo recipiente de cocción.

TRUCO

Rallar el queso parmesano sobre la salsa justo un momento antes de meter los tortellinis en el horno. El sabor del plato mejorará, y el gratinado quedará más uniforme.

ALTERNATIVAS

Para la pasta rellena, la mejor alternativa a la que se compra empaquetada es la pasta fresca, que en las tiendas de especialidades italianas se confecciona diariamente.
En verdad, no tiene punto de comparación; sólo hay que probarla una vez para convencerse de ello.

HAY QUE SABER... La nuez moscada, procedente de Indonesia, fue, junto con la pimienta, la especia que decidió a los portugueses a buscar una ruta marítima hacia el Índico en el siglo XV, búsqueda durante la cual se dio por primera vez la vuelta a África.

NOTA DE... "CATA" DIETÉTICA

Del aporte **proteico** de esta receta se encargan los quesos y el jamón. Las **grasas insaturadas** de este último ingrediente compensan, en parte, el colesterol de la nata y la mantequilla. Bastante calórico y rico en grasas.

Canelones a las hierbas silvestres

No se trata de una alternativa vegetariana: es una combinación de tonalidades naturales capaz de seducir al gastrónomo más exigente y a todos los amantes de los sabores naturales, sin mistificaciones.

INGREDIENTES (para 4 personas)	
pasta para canelones	200 g
hierbas silvestres	200 g (achicoria, berros, etc.)
borraja	200 g
acelgas	300 g
requesón	100 g
cebolla	media
mejorana	un manojo
queso parmesano rallado	5 cucharadas
huevo	uno
aceite de oliva	2 cucharadas
mantequilla	30 g
salsa bechamel	3 dl
sal y pimienta	

HAY QUE SABER... Para preparar la salsa bechamel, se emplean 50 g de mantequilla, una cucharada de harina, tres cuartos de litro de leche, sal, pimienta blanca y nuez moscada. Mientras la leche se calienta, derretir la mantequilla en una sartén y añadirle poco a poco la harina sin dejar de remover, teniendo cuidado de que no se dore. Separar la sartén del fuego y añadir la leche caliente, removiendo para que no se formen grumos. Dejar enfriar la salsa y, luego, devolverla al fuego y cocerla unos minutos revolviendo sin parar. Salpimentar y añadir la nuez moscada.

1 Preparar el relleno: **limpiar las hierbas** silvestres, **la borraja y las acelgas,** eliminando las pencas; lavarlas y **escaldarlas** durante 2 minutos en agua hirviendo con sal; escurrirlas y picarlas. Pelar y **picar la cebolla** y **sofreírla,** sin que llegue a dorarse, en una cazuela con el aceite.

2 Lavar y **picar la mejorana** (reservar un poco) y **sofreírla** junto con el resto de los ingredientes picados durante 2 minutos, removiendo de vez en cuando, con una cuchara de madera. Echar la preparación en un bol y **añadir el requesón,** 3 cucharadas de **parmesano rallado, el huevo, sal y pimienta;** remover los ingredientes hasta que estén perfectamente amalgamados.

3 Mientras tanto, **cocer la pasta *al dente*** en una olla con abundante agua y sal. Escurrirla, extenderla sobre un paño húmedo y dejarla enfriar.

4 **Poner** un montoncito del **relleno** preparado en el centro de cada rectángulo de pasta; enrollarlos y **formar los canelones.** Colocarlos en una fuente de hornear engrasada con un poco de mantequilla.

5 **Cubrir** los canelones **con la bechamel y espolvorearlos con el queso** parmesano restante. Introducir la fuente en el horno precalentado a 200 °C, **cocer los canelones** durante 15 minutos y servirlos muy calientes. Decorar con unas hojitas de mejorana.

TRUCO

Las verduras y las hortalizas se deben añadir a la cazuela cuando el agua está hirviendo, para evitar que pierdan su color en la cocción.

NOTA DE... "CATA" DIETÉTICA

La pasta ofrece muchas posibilidades de aliño con diferentes hierbas aromáticas, que además de darle mucho sabor son muy saludables. Las borrajas son ricas en **potasio, sales** y **calcio,** y las acelgas en **vitamina A** y **hierro.** Equilibrado en calorías y grasas.

Pastel de lasaña y hortalizas

Como se dice en *Alicia en el país de las maravillas,* éste es un maravilloso pastel de "no cumpleaños"; es decir, que en un año hay 364 ocasiones para saborear este espléndido plato. No hay que perdérselo.

INGREDIENTES (para 4 personas)
pasta para lasaña ▸ 250 g
calabacines ▸ 4
zanahorias ▸ 4
queso mozzarella ▸ 100 g
albahaca ▸ dos manojos
harina de trigo ▸ 15 g
caldo vegetal ▸ 2 dl
mantequilla ▸ 30 g
tomates ▸ 500 g
zumo de limón ▸ una cucharada
sal y pimienta en grano

1 Limpiar y **cortar** en rodajas finas **los calabacines y las zanahorias; cocerlos** al vapor. Lavar la albahaca y picarla; **cortar la mozzarella** en lonchas. Tamizar **la harina y desleírla** en el caldo; **llevar a ebullición** la salsa y dejarla cocer durante unos 10 minutos, removiendo continuamente. **Sazonar** la preparación con un poco de sal y pimienta recién molida.

2 Mientras tanto, **cocer la pasta *al dente*** en una olla con abundante agua y sal. Escurrirla sobre un paño de cocina y proceder a **montar la lasaña. Untar con mantequilla** una fuente de hornear, formar una capa en el fondo con una cuarta parte de la pasta y cubrir con un tercio del **calabacín** y la **zanahoria** en rodajas, alternándolas y montándolas ligeramente. **Espolvorear** con un poco de **albahaca** y **salpimentar**. Continuar formando capas, terminando con una de pasta. Cubrir con las lonchas de **mozzarella** y **verter** sobre ellas la **salsa** de caldo y harina, extendiéndola en una capa fina y uniforme. Introducir la fuente en el horno precalentado a 180 °C y **cocer la lasaña** durante 20 minutos.

3 Pelar y **trocear los tomates y mezclarlos con la albahaca** restante, el **zumo de limón, sal y pimienta;** verter la mezcla obtenida en una cacerola y **cocerla** hasta que tenga la consistencia de un puré. Servir caliente acompañando la lasaña.

ALTERNATIVAS

La lasaña verde puede dar a esta receta un buen juego, pues, al tener sabor de espinacas, combinará muy bien con el mosaico de hortalizas del condimento.

Procurar que las rodajas del calabacín y de las zanahorias tengan el mismo grosor, de forma que su cocción sea uniforme.

NOTA DE... "CATA" DIETÉTICA

Si quiere que sus hijos aprendan a comer **verduras,** este plato resulta muy sabroso y nutritivo. También es ideal para mantener la línea, ya que su contenido en calorías no es muy elevado. Ligeramente graso.

TRUCO

Un modo de obtener la mayor cantidad posible de zumo de un limón es, antes de partirlo, hacerlo rodar por la encimera de la cocina a la vez que se presiona con la palma de la mano.

HAY QUE SABER... El limón es un producto absolutamente maravilloso. Es capaz de limpiar el cobre, la plata y las manchas de óxido; pero también quita las manchas de nicotina de las uñas y de los dientes, decolora las pecas y aclara los cabellos rubios.

La mozzarella, ingrediente esencial de las pizzas, también resulta ideal para los gratinados, gracias a su textura y a su suave sabor.

arroces de la huerta

Arroz con cebolletas y espinacas

Este plato está especialmente indicado para los amantes de la cocina ligera. Suavemente matizado por el marfil y el verde de las hortalizas, es perfecto para una cena de verano como acompañamiento de un pescado blanco a la parrilla.

INGREDIENTES (para 4 personas)
arroz ▸ 4 tazas medianas
espinacas ▸ 200 g
perejil ▸ un manojo
cebolletas ▸ 2
aceite de oliva ▸ 2 cucharadas
caldo vegetal (ya salado) ▸ 8 tazas medianas
queso parmesano rallado ▸ 2 cucharadas

1 Limpiar las espinacas, lavarlas, escurrirlas, secarlas y **picarlas.** Lavar y **picar el perejil. Limpiar las cebolletas** desechando las raíces, las hojas externas y la parte verde y dura; lavarlas y **cortarlas** finamente. Calentar el aceite en una cazuela y **sofreír las cebolletas** sin dejar que se doren demasiado.

2 Añadir las espinacas y la mitad del perejil picado. Seguidamente, **incorporar el arroz.** Mezclar con una cuchara de madera y dejar sofreír un par de minutos. **Verter** entonces poco a poco **el caldo** vegetal hirviendo, removiendo de vez en cuando.

3 Cocer durante 15 o 18 minutos. Un poco antes de que finalice la cocción, **añadir el perejil restante.** Apartar el arroz del fuego cuando esté *al dente*, **esparcir por encima el queso** parmesano, mezclar y ponerlo en una fuente. Servirlo inmediatamente, bien caliente.

ALTERNATIVAS

No se sabe el motivo por el que a los niños les disgustan las espinacas; quizá sea por su sabor, fuerte e intenso. Hay otro modo de preparar este plato sin que pierda nutrientes, y es utilizar acelgas en vez de espinacas. No obstante, se puede alegrar un poquito el resultado final con una pizca de pimienta blanca.

TRUCO

Las verduras de hojas grandes, como son las espinacas, pierden propiedades si se cortan con cuchillo. Es mejor quitar los tallos a mano; para ello, hay que sujetar las espinacas dobladas en horizontal y tirar del tallo en dirección a la punta de la hoja.

HAY QUE SABER... Las espinacas son una de las verduras más populares de la cocina europea desde que se empezaron a cultivar masivamente hacia el siglo XVIII. Su temporada natural es el invierno, la mejor época para consumirlas frescas; el resto del año se pueden emplear las congeladas, que conservan todas sus propiedades nutritivas, aunque pierden un tanto en sabor.

NOTA DE... "CATA" DIETÉTICA

Las espinacas son una de las verduras más ricas en proteínas y vitaminas. Fuente excepcional de **ácido fólico** y **carotenos,** ofrecen, además, un aporte nada desdeñable de **calcio, hierro, potasio** y **magnesio,** así como de **vitamina E** y vitaminas del **grupo B.** Este plato resulta bajo en calorías y en grasas.

Arroz con calabaza

He aquí una especialidad de la huerta que se cocina delicadamente, al estilo de los risottos italianos, a los que se acerca con su consistencia melosa y suave, que encanta al paladar.

INGREDIENTES (para 4 personas)
arroz ▸ 4 tazas medianas
calabaza ▸ 400 g
cebolla ▸ media
mantequilla ▸ 30 g
queso manchego rallado ▸ 2 cucharadas
caldo vegetal ▸ 8 tazas medianas
sal

1 **Llevar el caldo a ebullición** en una olla. **Limpiar la calabaza** eliminando las semillas, los filamentos y la corteza. Lavarla y **cortar la pulpa** en daditos. Limpiar y **picar la cebolla,** y **rehogarla** en una cazuela con 20 g de mantequilla a fuego moderado, sin dejar que se dore y removiéndola con una cuchara de madera.

2 **Añadir la calabaza** y dorarla ligeramente. **Verter un cacillo de caldo** caliente y dejar cocer a fuego moderado durante 3 o 4 minutos. **Agregar el arroz** y tostarlo aproximadamente durante 2 minutos, sin dejar de remover.

3 **Verter el resto del caldo** hirviendo en la cazuela poco a poco, removiendo a menudo. Salarlo si es necesario y continuar la cocción durante unos 15 minutos. **Retirar el arroz del fuego** cuando esté *al dente*. Rápidamente, **añadir el resto de la mantequilla** a trocitos y el **queso rallado,** y removerlo todo. Dejarlo reposar un par de minutos para que se derrita la mantequilla y servirlo caliente.

NOTA DE... "CATA" DIETÉTICA

Este plato está elaborado con ingredientes sencillos y saludables. La calabaza, como todas las hortalizas de color naranja, es rica en **betacaroteno** y tiene propiedades diuréticas. Plato muy ligero, bajo en calorías y en grasas.

TRUCO

Para los que tienen prisa, hay un modo de acelerar la cocción del arroz, y es sumergirlo previamente en agua fría durante 30 minutos.

HAY QUE SABER... Al ir al mercado o a la mantequería a comprar el queso manchego seco, que es el mejor para rallar, hay que rechazar una pieza que no haya sido cortada recientemente. La superficie del queso debe presentar una ligerísima escama y, al tocarlo, no debe hundirse. El color perfecto es un amarillo roto.

ALTERNATIVAS

El arroz integral puede ser el ingrediente de recambio ideal para este plato. Como es sabido, se consume con su propia cáscara, es decir, sin refinar; así conserva todo su poder alimenticio. El arroz integral es perfecto para una combinación sencilla como ésta, pero, aunque es más nutritivo, no integra los sabores con tanta eficacia como el blanco.

Arroz con crema de garbanzos

La combinación del arroz con una legumbre tan sabrosa como son los garbanzos, aromatizada con el perfume del laurel, resulta espléndida tanto desde el punto de vista estético como gastronómico.

INGREDIENTES (para 4 personas)
arroz de grano largo ▸ 4 tazas medianas
garbanzos ▸ 100 g
cebolla ▸ una
ajo ▸ un diente
laurel ▸ una hoja
aceite de oliva ▸ 3 cucharadas
caldo de legumbres ▸ 8 tazas medianas
sal y pimienta en grano

1 **Dejar los garbanzos en remojo** en un cuenco con abundante agua fría durante 12 horas. Pelar y **picar la cebolla.** En una olla con abundante agua y un poco de sal, poner a **hervir los garbanzos,** previamente lavados bajo el agua corriente y escurridos. **Añadir la mitad de la cebolla, el diente de ajo** pelado **y la hoja de laurel.**

2 **Cocer a fuego moderado** durante 2 horas, añadiendo más agua caliente si es necesario. **Escurrir** los garbanzos y reservar el caldo de cocción. Calentar el aceite en una sartén y **sofreír la cebolla picada restante,** sin que llegue a dorarse. **Agregar la mitad de los garbanzos** y dejar cocer unos minutos.

3 **Añadir el arroz y tostarlo** durante 2 o 3 minutos, removiendo con una cuchara de madera. Poco a poco, **verter el caldo** de cocción de los garbanzos y el caldo de legumbres bien calientes y dejar que siga cociendo unos 15 o 18 minutos.

4 **Pasar por el pasapurés los garbanzos restantes,** junto con unas cucharadas de caldo. **Agregarlos al arroz** terminada la cocción, espolvorear con pimienta recién molida y servir inmediatamente.

HAY QUE SABER... Los garbanzos son un alimento cuyo empleo en la cocina popular se pierde en la noche de los tiempos. Durante años ha sido uno de los ingredientes "malditos" para quienes se preocupan por la línea; pero, afortunadamente, la medicina moderna ha devuelto el papel que le corresponde a este ingrediente fundamental de la cocina mediterránea.

TRUCO

Para los despistados que siempre se olvidan de poner en remojo las legumbres, es aconsejable el uso de garbanzos precocidos, que se encuentran en todas las tiendas de alimentación.

ALTERNATIVAS

Un modo de dar variedad al sabor final de este plato es sustituir el caldo de legumbres por otro de verduras, buscando las que mejor convengan al sabor de los garbanzos. Irían bien, por ejemplo, zanahorias, puerros y nabos; evitar especies de sabor muy característico, como el apio. Un hueso pequeño de jamón también sería adecuado.

NOTA DE... "CATA" DIETÉTICA

En este plato los **hidratos de carbono** los proporciona el arroz y, además, sus **proteínas** enriquecen las de los garbanzos. Esta receta es muy equilibrada y baja en grasas.

Arroz con hortalizas al curry

Una auténtica fiesta cromática: rojo, verde, amarillo, naranja y morado sobre fondo blanco. Puede que sea verdad que se come con la vista, pero es mejor disponerse a pasar un buen rato con esta receta de las huertas levantinas.

INGREDIENTES (para 4 personas)	
arroz	3 tazas medianas
berenjena	una
calabacines	2
champiñones	200 g
pimiento	uno
cebolla	una
ajo	un diente
tomates	2
perejil	un manojo
caldo vegetal	6 tazas medianas
aceite de oliva	3 cucharadas
curry	una cucharada
sal y pimienta	

1 **Limpiar y cortar** en tacos **la berenjena,** espolvorearla con sal y dejarla escurrir en un escurridor durante 15 o 20 minutos. Limpiar y **cortar en rodajas los calabacines.** Pelar y **picar la cebolla. Limpiar los champiñones y cortarlos** en láminas. Limpiar y **picar el perejil.**

2 Limpiar y **picar el pimiento.** Pelar y **picar** el diente de **ajo. Pelar y trocear los tomates. Lavar las berenjenas** bajo el agua corriente, escurrirlas, secarlas y **dorarlas en una cazuela** con 2 cucharadas de aceite bien caliente. Retirarlas y ponerlas a escurrir sobre papel absorbente de cocina.

3 Con el aceite restante, **dorar la cebolla y el ajo** picados en la cazuela. **Añadir** las rodajas de **calabacín y el pimiento** troceado y **sofreírlos** durante unos minutos. **Incorporar los champiñones** en láminas, salar y **cocer** durante 2 minutos a fuego vivo, sin dejar de remover.

4 **Añadir los tomates, el curry** y un poco de **pimienta** y dejar cocer 2 minutos. **Incorporar el arroz,** remover un poco, **añadir el caldo** vegetal y proseguir la cocción unos 20 minutos. Cuando falten unos 4 minutos para que el arroz esté cocido, **agregar las berenjenas.** Finalmente, **espolvorear con el perejil** picado y servir.

HAY QUE SABER... Al ir al mercado, hay que vigilar muy bien qué champiñones se compran. Deben tener un intenso color blanco, los pies duros y los sombrerillos bien enteros. Hay que desechar los ejemplares teñidos de castaño, pues indican que no son frescos. El consejo es especialmente útil cuando se compra en un supermercado, donde los venden empaquetados. Siempre es mejor comprar cualquier producto fresco a granel.

NOTA DE... "CATA" DIETÉTICA

Los **hidratos de carbono** del arroz y la gran variedad de hortalizas que componen este plato lo hacen muy sano y rico en **vitaminas** y **sales minerales;** también aporta gran cantidad de **fibra.** Bajo en grasas.

ALTERNATIVAS

Para los "carnívoros": este plato puede cambiar mucho si, antes de dorar las verduras, se rehogan en el aceite unos daditos de jamón serrano, que conserven, si es posible, algo de grasa. El aceite tomará un espléndido sabor que se integrará con el de los ingredientes "verdes", pero habrá que eliminar el curry.

TRUCO

Para no correr riesgos al cortar las verduras, hay que utilizar el nudillo de la mano que las sujeta para guiar el cuchillo y no cortar demasiado cerca de la punta de los dedos.

Corona de arroz y verduras

Productos de la huerta y hierbas del bosque se combinan en este vistoso plato, que parece pensado para que los niños, que adoran el arroz, se apunten también a las "obligatorias" verduras.

INGREDIENTES (para 4 personas)
arroz ▸ 3 tazas medianas
zanahoria ▸ una
apio ▸ un tallo
cebolla ▸ una
caldo vegetal ▸ 6 tazas medianas
aceite de oliva ▸ 6 cucharadas
calabacines ▸ 2
alcachofas ▸ 2
puntas de espárragos ▸ 200 g
guisantes ▸ 200 g
tomillo ▸ una ramita
zumo de limón ▸ 3 cucharadas
queso parmesano rallado ▸ 50 g
mantequilla ▸ 30 g
sal y pimienta

1 **Limpiar las alcachofas,** eliminando las hojas externas y los tallos; **cortarlas en láminas** con un cuchillo afilado y sumergirlas en un bol con agua acidulada con el zumo de limón. **Limpiar los calabacines,** lavarlos, secarlos y **cortarlos** en dados. **Trocear las puntas de espárrago.**

2 En una sartén con 3 cucharadas de aceite, **sofreír** unos minutos las **verduras** preparadas y los guisantes; **rociar** con un poco de **caldo** vegetal caliente, **añadir** una ramita de **tomillo** y salar. Dejar **cocer** a fuego lento unos 20 minutos, añadiendo más caldo si fuera necesario. **Espolvorear con pimienta** y reservar caliente.

3 Limpiar y **trocear** el tallo de **apio,** pelar y **picar la cebolla y la zanahoria; rehogar** en una cacerola con el aceite restante. **Incorporar el arroz y dorarlo** durante unos minutos, **verter un cazo de caldo** hirviendo y dejar que se cueza el arroz, removiendo de vez en cuando.

4 **Cuando el arroz esté cocido** *al dente*, **espolvorearlo con el queso rallado** y dejarlo reposar, con el recipiente tapado, durante unos minutos. Poner el arroz en un molde untado con mantequilla, meterlo en el horno precalentado a 200 °C y cocerlo unos 5 minutos. Retirar del horno, **volcar la corona** sobre una fuente, **poner en el centro las verduras** calientes y servir.

ALTERNATIVAS

Las verduras que acompañan esta corona de arroz deberían ser siempre las propias de la estación. Por ejemplo, el puerro, la calabaza, la coliflor y la acelga harán un plato de invierno; para primavera y verano, quedará perfecto con espárragos, calabacines, judías verdes y habas, mientras que, en otoño, un añadido de setas dará al plato un toque muy especial.

TRUCO

Este plato es perfecto para aprovechar un sobrante de una guarnición de arroz blanco. Mezclar el queso con el arroz y hornearlo unos minutos hasta que el queso se derrita; luego, ya se puede preparar la corona.

HAY QUE SABER... El tomillo es un exquisito producto de nuestros campos. Se recolecta en primavera y, si se deja secar en casa (en un ramillete vuelto hacia abajo), se podrá crear un maravilloso aderezo para ensaladas y marinadas introduciéndolo en una botella de vinagre de vino blanco y dejando que la preparación sedimente.

NOTA DE... "CATA" DIETÉTICA

Este plato es muy sabroso para los aficionados a las verduras. Los guisantes, además de las proteínas vegetales, tienen **vitaminas (A, B, C y D)** y **calcio.** Los espárragos poseen abundante **fibra vegetal** y son muy diuréticos. Medianamente calórico y bajo en grasas.

Arroz con peras y nueces

La cocina diaria es una buena ocasión para aprender a integrar en un mismo plato los más diversos sabores y hasta los más dulces perfumes. Es un arte que vino de Oriente, pero del que ya nos resulta imposible prescindir en nuestros platos.

INGREDIENTES (para 4 personas)
arroz de grano largo ▸ 3 tazas medianas
peras ▸ 400 g, maduras y jugosas
nueces peladas ▸ 100 g
cebolla ▸ media
limón ▸ uno
vino blanco seco ▸ media copa
caldo vegetal ▸ 6 tazas medianas
aceite de oliva ▸ 3 cucharadas
sal y pimienta molida

1 Lavar y **exprimir el limón;** reservar la piel. **Pelar las peras,** quitar la parte central y **cortarlas en láminas;** ponerlas en un bol y **rociarlas con el zumo de limón. Picar las nueces,** reservando cuatro enteras para la decoración. **Poner el caldo a calentar.** Pelar y **picar la cebolla.**

2 En una cazuela con el aceite, **sofreír la cebolla. Incorporar el arroz y tostarlo, regar con el vino** blanco y dejar que se evapore a fuego vivo sin dejar de remover. **Verter,** poco a poco, **el caldo hirviendo** a medida que el líquido se vaya reduciendo.

3 Cuando el arroz esté cocido *al dente*, **añadir las peras,** escurridas del zumo de limón, y la **corteza rallada de medio limón.** Dejar cocer unos instantes, retirar el recipiente del fuego e incorporar las nueces trituradas y abundante pimienta molida.

4 **Distribuir el arroz en cuatro platos** y poner una nuez en el centro de cada uno.

ALTERNATIVAS

Los frutos secos constituyen un extraordinario complemento de las frutas frescas. Se puede probar este plato con manzanas y avellanas molidas, sumarle otro sabor añadiéndole piñones, o intensificar su aroma sustituyendo las nueces por anacardos; esta última combinación ya se encuentra en los más antiguos recetarios chinos.

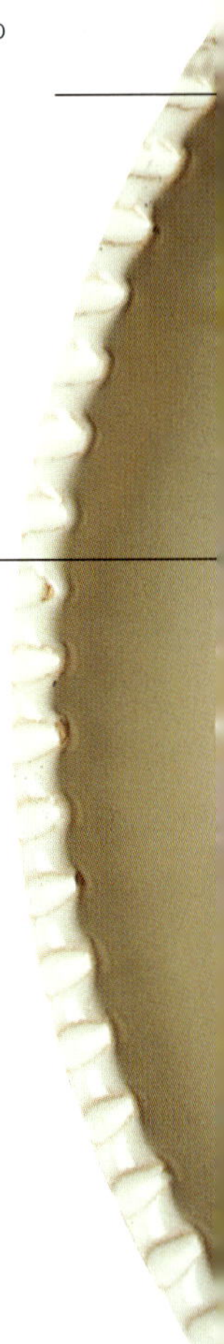

Las peras aportan a este plato un sabor realmente original, además de dar un toque exótico a su presentación.

A veces, para dar a una receta sencilla un aspecto cuidado y festivo, es suficiente con un detalle tan insignificante como la nuez que decora el centro de este plato.

NOTA DE... "CATA" DIETÉTICA

En esta deliciosa combinación de sabores, las calorías las aportan tanto los **hidratos de carbono** del arroz como las saludables grasas y **proteínas vegetales** de las nueces, de las que cabe destacar su alto contenido en **cinc, cobre** y **magnesio.**

HAY QUE SABER... Las nueces tienen fama de contribuir a la tranquilidad del cuerpo y del espíritu, quizá porque son uno de los aperitivos más antiguos del mundo. Los egipcios y los persas las emplean en la cocina desde hace doce siglos, y uno de los primeros bombones que se inventaron fueron los dátiles rellenos de nuez. La costumbre de mezclarlas con arroz procede de la India, donde se añaden también a los rellenos de las carnes.

TRUCO

Aunque se disponga de pimienta en polvo, lo mejor es molerla en el momento de agregarla a los demás ingredientes, pues así se integra con ellos conservando todo su aroma.

Arroz al curry

Este sencillo plato tiene todo el perfume de las exóticas tierras de la India; pero su encanto no está sólo en su sabor, que se ve sabiamente realzado por los trocitos de manzana, sino también en su elegante presentación.

INGREDIENTES (para 4 personas)
arroz de grano largo ▸ 4 tazas medianas
piñones ▸ una cucharada
pasas de Corinto ▸ 50 g
cebolla ▸ una
manzana golden ▸ una
caldo de carne ▸ 8 tazas medianas
curry ▸ una cucharada
mantequilla ▸ 30 g
vino blanco seco ▸ medio vaso
aceite de oliva ▸ 2 cucharadas
sal y pimienta

1 **Poner en remojo las pasas** en agua templada. Pelar y **picar la cebolla. Pelar la manzana y cortarla** en trozos pequeños.

2 **Rehogar la cebolla** en una cacerola con el aceite. **Incorporar el arroz y dorarlo** a fuego vivo, removiendo con una cuchara de madera. **Agregar la manzana. Verter el vino** y dejar que se evapore a fuego medio, sin dejar de remover para que el arroz no se pegue.

3 **Añadir** al arroz **el curry, las pasas** previamente escurridas **y los piñones. Regar con el caldo** bien caliente, remover y dejar cocer a fuego vivo durante unos 5 minutos, hasta que el líquido se reduzca a la mitad. **Salpimentar.**

4 **Introducir la cazuela en el horno** precalentado a 200 °C y **cocer** el arroz durante 20 minutos. Antes de servir, **colocar el arroz en un molde,** nivelarlo bien, dejarlo reposar unos minutos y desmoldarlo en una fuente. Adornar con unos aros de cebolla.

NOTA DE... "CATA" DIETÉTICA

Las pasas son ricas en **potasio** y el curry tiene un efecto digestivo y estimulante. Este plato es rico en **hidratos de carbono** y no muy calórico. Bajo en grasas.

HAY QUE SABER... El curry es una sabia combinación de especias originaria de la India, de la que existen muchas y distintas composiciones. En todas ellas, sin embargo, es corriente encontrar cardamomo, cúrcuma y comino, entre otras muchas. Es una mágica mezcla que tiñe de amarillo todo lo que toca y que otorga un sabor muy especial a los platos; El curry se encuentra, ya preparado, en tiendas y supermercados.

TRUCO

Mantener el caldo en ebullición permanente mientras haya que incorporarlo a la cocción, a fin de que el hervor de la cazuela no se detenga, lo que perjudicaría el resultado final del plato.

ALTERNATIVAS

Para realizar esta receta, también se puede utilizar el sistema tradicional de cocción del arroz, sin necesidad de recurrir al horno. Completando la cocción en el horno, el arroz queda más suelto, lo que compensa con creces el pequeño trabajo extra.

arroces del mar y de la montaña

Arroz negro con mejillones

Esta combinación de sabores constituye uno de los platos más famosos de la cocina mediterránea. Pero como "cada maestrillo tiene su librillo", en esta receta los mejillones, las gambas y las cigalas han adquirido un protagonismo inusual.

INGREDIENTES (para 4 personas)	
arroz	4 tazas medianas
gambas	8
cigalas	4
mejillones	400 g
sepias	300 g
ajos	2 dientes
tomates	2
cebolla	una
aceite de oliva	4 cucharadas
limón	una rodaja
sal	

1 **Lavar los mejillones** cuidadosamente y ponerlos en una cazuela con una rodaja de limón y una cucharada de aceite de oliva. Taparlos y **dejarlos al fuego hasta que se abran.** Reservar.

2 En un cazo, llevar a ebullición agua con abundante sal y **cocer las gambas y las cigalas.** Cuando el agua empiece a hervir de nuevo, apartar del fuego, retirar el marisco y reservar el agua.

3 **Limpiar las sepias y partirlas en rodajas;** reservar la bolsa de la tinta. Pelar y **trocear los tomates.** Pelar y **picar el ajo y la cebolla. Sofreír** en una paellera o en una cazuela con 3 cucharadas de aceite, **los ajos, la cebolla y los tomates** troceados. **Añadir la sepia con su tinta** y dejar cocer hasta que esté tierna. **Agregar el arroz** y rehogarlo bien hasta que tome un color negro.

4 Colar el agua de los mejillones y de las gambas y medir la cantidad necesaria hasta conseguir el doble de la medida de arroz. **Añadir el caldo** a la cazuela y **salar** al gusto. Cuando rompa a hervir, bajar un poco el fuego y **dejar cocer** hasta que el arroz absorba el caldo. Adornar con los mejillones, las gambas y las cigalas. El limón se puede poner cortado en rodajas.

La receta clásica no incluye más pescado que la sepia, aunque no hay duda de que el marisco enriquece enormemente este plato.

HAY QUE SABER... Para comprar los frutos de mar, sobre todo gambas, cigalas y langostinos, hay que escoger un establecimiento de confianza y pedir que sean del día. Por desgracia, la práctica de venderlos frescos cuando, en realidad, han sido objeto de una descongelación previa es bastante frecuente. Hay que fijarse en la cabeza, que no ha de estar "descolgada", sino firmemente unida a la cola.

ALTERNATIVAS

La sepia puede ser sustituida por calamares sin que el sabor del plato se altere sustancialmente. Si se elige esta opción, no hay que cortarlos en rodajas, sino a lo largo, en tiras anchas, que luego se dividirán en trozos más pequeños.

NOTA DE... "CATA" DIETÉTICA

En este plato, el marisco aporta una inestimable fuente de **proteínas,** así como **vitamina B_{12},** imprescindible para mantener sanos el sistema muscular y nervioso. Además, los mejillones son especialmente ricos en **hierro, selenio** y **cinc.**

TRUCO

La tinta de calamar o de sepia también se puede comprar en las pescaderías envasada en bolsitas. Sólo hay que desleírla en agua antes de incorporarla al arroz.

El detalle de las rodajas de limón da vistosidad a este plato, sin olvidar a los aficionados a tomar los mejillones con unas gotas de zumo de limón.

Arroz con sardinas

Original, fácil, barata, sabrosa: he aquí una receta que lo tiene todo. El pescado azul se integra con el arroz mediante un sofrito muy básico para obtener un sabor que resulta todo un hallazgo gastronómico.

INGREDIENTES (para 4 personas)
sardinas ► 8
arroz ► 4 tazas medianas
ajos ► 4 dientes
tomates ► 2
azafrán ► 4 hebras
agua o caldo de pescado ► 8 tazas medianas
aceite de oliva ► 6 cucharadas
perejil ► un manojo
limón ► uno
sal

1 **Lavar** bien las **sardinas** y quitarles las tripas, la cabeza y la cola. **Salar. Pelar los ajos.** Pelar y **trocear los tomates.**

2 En una paellera o en una cazuela, freír en el aceite 2 dientes de ajo. Cuando estén dorados, retirarlos y **freír las sardinas.** Retirarlas y reservar.

3 Colar el aceite para eliminar las impurezas y **sofreír** en él los **tomates** troceados hasta que estén blandos. **Añadir el arroz y rehogarlo** bien con el zumo de medio limón y el azafrán.

4 Mientras tanto, poner a **calentar el agua** en un cazo. Cuando esté caliente, **añadírsela al arroz.** Probar y **salar** al gusto. Bajar el fuego y dejar cocer hasta que se consuma el agua.

5 Pelar y **picar** los otros **2 dientes de ajo.** Lavar y **picar el perejil.** Cortar el medio limón restante, cortarlo en medias rodajas y **adornar la fuente** con las sardinas y el limón espolvoreado con el ajo y el perejil picado.

NOTA DE... "CATA" DIETÉTICA

Las sardinas, además de en **hierro,** son muy ricas en **yodo,** imprescindible para un buen funcionamiento de la glándula tiroides, y **vitamina B_{12},** vital para el funcionamiento del sistema nervioso. Junto con el resto de los ingredientes, se consigue una combinación muy saludable.

HAY QUE SABER... El poeta Homero y sus conciudadanos de la Grecia clásica consideraban el pescado como "un alimento infecto" y, como mucho, recomendaban su consumo a los náufragos en situación desesperada. Las cosas, en verdad, han cambiado mucho desde entonces, pero el pescado azul ha tenido que asumir durante siglos la carga negativa de este viejo tabú, pues todas sus especies fueron despreciadas por los gastrónomos hasta finales del siglo XIX.

TRUCO

Para eliminar el intenso olor del pescado azul, frotar con medio limón las manos, el cuchillo y la tabla de cortar.

ALTERNATIVAS

La gama de pescados azules que se pueden emplear en la confección de esta receta no es muy grande, pues hay que buscar especies de pequeño tamaño. Para conservar la estética del plato, el boquerón fresco es el mejor sustituto de la sardina; pero también el jurel o la caballa serán buenas alternativas si se cortan en rodajas no muy gruesas y se procede con ellas como con las sardinas.

Arroz pilaf a la valenciana

Puestos a elegir un plato único o un entrante contundente, no hay nada mejor que una receta casera, en la que el frescor de los productos de la huerta y del mar se viste con el perfume y el sabor de las carnes.

INGREDIENTES (para 4 personas)
arroz de grano largo ▸ 4 tazas medianas
judías verdes ▸ 150 g
pimiento rojo ▸ uno
alcachofas ▸ una
champiñones ▸ 100 g
cebolla ▸ media
gambitas ▸ 200 g
caldo de carne ▸ 8 tazas medianas
aceite de oliva ▸ 4 cucharadas
perejil ▸ un manojo
zumo de limón ▸ una cucharada
sal

HAY QUE SABER... En el levante español, que es donde el arroz se cocina con mayor fundamento, existe un número increíble de recetas. Las amas de casa valencianas y alicantinas presumen de ser capaces de hacer un arroz distinto para cada uno de los 365 días del año. Y no necesitan ingredientes costosos o sofisticados: pueden conseguir una auténtica delicia para el paladar con unos cuantos cardos (que allí se llaman “pencas”) y unos trocitos de bacalao.

1 Limpiar y **trocear las judías.** Lavar y **cortar en daditos el pimiento.** Limpiar y **cortar en láminas la alcachofa;** sumergirlas en un bol con agua acidulada con el zumo de limón. Pelar y **picar la cebolla.**

2 Limpiar y **lavar los champiñones** bajo el agua corriente y **cortarlos** en daditos. En una fuente de hornear con 4 cucharadas de aceite, **rehogar la cebolla** a fuego moderado, removiendo con una cuchara de madera hasta que quede transparente pero sin que llegue a dorarse. **Picar el perejil.**

3 **Añadir las judías y el pimiento** troceados, las **alchachofas** escurridas y los **champiñones, y dorar** todo durante 2 minutos. **Agregar las gambitas** y freírlas un minuto removiendo rápidamente.

4 **Salar, añadir el arroz y dorarlo** durante 2 minutos. **Verter el caldo caliente,** tapar el recipiente y meterlo en el horno precalentado a 200 °C durante 20 minutos. Retirar el arroz del horno, removerlo con dos tenedores y **espolvorear con el perejil** picado. Servirlo enseguida.

El intenso tono rojizo del pimiento da a este plato un gran atractivo visual, que se ve incrementado por el contraste que aportan las judías verdes.

NOTA DE... “CATA” DIETÉTICA

Entre las muchísimas virtudes de las verduras, tenemos las diuréticas de las judías verdes, que estimulan la eliminación orgánica del exceso de líquidos. La variedad de ingredientes de este plato lo convierte en una comida completa, con todos los nutrientes necesarios en nuestra dieta cotidiana: tenemos los **hidratos de carbono** del arroz, las **proteínas** de las gambas y las **vitaminas** de las hortalizas.

TRUCO

Al pelar las alcachofas las manos se quedan negras. Para evitarlo, sumergirlas en agua fría con limón antes de comenzar el trabajo.

EL CALDO DE CARNE

Preparar un caldo de carne es cosa fácil. Para los ingredientes, bastará una pechuga de gallina o de pollo, un trozo de pecho de ternera y un hueso de jamón, aunque se pueden aprovechar las carcasas de las aves y hasta los menudillos. Poner todo en una olla con agua fría, a fin de que la "sustancia" de la carne pase al agua gradualmente (es el secreto de un buen caldo); después del primer hervor, reducir el fuego y dejarlo cocer al menos una horita.

El toque final del perejil picado, tan de moda en nuestra cocina, remata la decoración.

El azafrán: "oro rojo"

No le faltaba razón al autor de la zarzuela *La rosa del azafrán* cuando dijo del diminuto *crocus* que es "una flor arrogante". Pese a su humilde apariencia, esta florecilla violeta guarda en su corazón tres preciosos filamentos que constituyen uno de los productos más caros del mundo, la especia reina de la cocina mediterránea: el azafrán. Y es que para cosechar un kilo del "oro rojo" hacen falta unas 160.000 rosas, que se recolectan a mano desde tiempos inmemoriales.

En la Edad Media, una libra de azafrán ya costaba lo mismo que un caballo y, en el siglo XV, muchos países tenían leyes para su protección. Se sabe que en el año 1444 un tal Johst Findeker fue condenado a la hoguera en Nüremberg por vender azafrán adulterado, práctica que, al parecer, persistió, pues un siglo después el rey Enrique II de Francia decretaba castigos corporales para quienes la ejercieran. En Gran Bretaña, Enrique VIII prohibió teñir con azafrán la ropa blanca; le parecía indigno emplear en cosa tan material semejante producto.

Las leyendas sobre el azafrán son infinitas. Pero hay una, de origen griego, que es tal vez la más hermosa de todas. Dicen que Hermes, el mensajero de los dioses, hirió de muerte por error a uno de sus más queridos amigos, de nombre Crocus. Desolado, Hermes transformó la sangre que manaba de su cabeza en rojos filamentos y, para que no se perdieran, los encerró en una flor.

A finales del mes de octubre, al comenzar los primeros fríos, la pequeña rosa del azafrán surge como por milagro, matizando la tierra de violeta. Los recolectores la esperan; ninguna de las rosas nacidas en ese día puede quedarse en la tierra. Hay que mimarlas: no se puede perder ni un solo estigma. Éste es el escenario elegido por el maestro Jacinto Guerrero (1895-1951) para situar el momento de máxima tensión entre los protagonistas de su obra. En La Solana, pueblo manchego donde transcurre la acción, la costumbre manda que los hombres ayuden a la mujer que pretenden en la monda de la rosa. Sagrario, el ama, trabaja sola, y Juan Pedro, el gañán, a quien ella adora en silencio, se le ofrece: "Pero si una mocita no tiene amante, natural es que alguno venga a ayudarle". Sagrario se lo toma a ofensa, y el mozo se cree despreciado por su humilde procedencia.

TEATRO DE LA ZARZUELA
LA ROSA
DEL AZAFRAN
25 DE NOVIEMBRE
DE 1.976
de
F. ROMERO y G. FERNANDEZ-SHAW
música
JACINTO GUERRERO
COMPAÑIA LIRICA TITULAR
dirección artística
JOAQUIN DEUS
EN HOMENAJE AL MAESTRO GUERRERO
EN EL XXV ANIVERSARIO DE SU MUERTE
AUTOR: DAVID ROLDAN
MINISTERIO DE INFORMACION Y

Arroz con habas y almejas

Esta combinación de arroz, legumbres y marisco constituye una fiesta en blanco y verde y una delicia gastronómica, de la que un buen vino blanco, servido bien frío, puede ser el perfecto acompañante.

INGREDIENTES (para 4 personas)
arroz ▸ 3 tazas medianas
habas desgranadas ▸ 200 g
almejas ▸ 500 g
lechuga ▸ una
cebolla ▸ una
aceite de oliva ▸ 4 cucharadas
perejil ▸ un manojo
caldo de pescado ▸ 6 tazas medianas
ajo ▸ un diente
vino blanco seco ▸ media copa
sal

ALTERNATIVAS

La época ideal para las habas frescas es la primavera; en verano, por el contrario, son los guisantes los que están en su mejor momento. Se pueden sustituir unas por otros, aunque los guisantes rebajarán un tanto el sabor. Unas gotas de limón mezcladas con el vino aportarán un inesperado perfume a la preparación.

EL CALDO DE PESCADO

En el mercado hay especies marinas ideales para preparar un caldo de pescado a bajo coste. Las mejores elecciones son la cabeza de rape o la cola de congrio; también se puede añadir unas cintas y algunos cangrejos. Poner el pescado a cocer en agua fría con un par de hojitas de laurel y, en cuanto rompa a hervir, dejar reducir el caldo a fuego bajo. Ojo con la sal: es mejor dejarlo un poco soso y rectificarla antes de terminar la cocción del plato.

1 Lavar las almejas en abundante agua; dejarlas en un recipiente con agua fría con sal durante 2 o 3 horas. Escaldar las habas un minuto en agua hirviendo, escurrirlas y quitarles la piel.

2 Lavar y picar el perejil. Pelar y aplastar el ajo. Escurrir las almejas y ponerlas en una cazuela con el diente de ajo y la mitad del perejil picado. Cocer las almejas a fuego moderado, con el recipiente tapado, hasta que se abran. Separarlas de las conchas y conservarlas aparte sumergidas en un par de cucharadas del agua de la cocción. Desechar las que no se hayan abierto.

3 Lavar la lechuga, escurrirla y cortarla en tiritas. Pelar y picar la cebolla y dorarla ligeramente en la cazuela con el aceite. Añadir las habas y sofreírlas. Incorporar el arroz y dorarlo durante un par de minutos, removiendo.

4 Verter el vino y dejar que se evapore a fuego rápido. Añadir poco a poco el caldo bien caliente y el agua de cocción de las almejas, previamente colado. Dejar cocer unos 15 minutos, removiendo de vez en cuando. Cuando falten unos 5 minutos para terminar la cocción del arroz, añadir la lechuga y remover. Retirar del fuego, incorporar las almejas y el perejil picado restante y servir.

NOTA DE... "CATA" DIETÉTICA

Las habas son pobres en grasas y con un alto contenido en proteínas, que, combinadas con las del arroz, se convierten en proteína completa de alta calidad. La lechuga, por su parte, aporta un buen contenido vitamínico.

TRUCO

Cuando en una receta entran legumbres, como las habas, es mejor echar la sal cuando ya están cocidas: de lo contrario, pueden quedar duras.

Arroz al estilo de Venecia

Esta receta es un buen ejemplo de cómo, en un momento, se puede preparar un excelente plato único para una comida ligera. Es sumamente alimenticio y dejará satisfecho al comensal más exigente.

INGREDIENTES (para 4 personas)
arroz ▸ 4 tazas medianas
sepias ▸ 1 kg
vino blanco seco ▸ 1 vaso
aceite de oliva ▸ 5 cucharadas
cebolla ▸ una
ajo ▸ un diente
concentrado de tomate ▸ una cucharada
agua o caldo ▸ 8 tazas medianas
perejil ▸ un manojo
sal y pimienta

1 Limpiar las sepias, lavarlas y trocearlas. Pelar y picar la cebolla. Lavar y picar el perejil. En una cacerola con 5 cucharadas de aceite, sofreír la cebolla picada y el diente de ajo entero. Retirar el ajo y añadir el perejil picado y las sepias. Rehogarlo durante unos 10 minutos.

2 Cuando la sepia se haya reblandecido, rociarla con el vino. Añadir el arroz y dorarlo durante 5 minutos, removiendo. Mientras tanto, diluir el concentrado de tomate en un bol con el agua caliente y un poco de sal.

3 Incorporar poco a poco este caldo al arroz hasta que esté cocido. Rectificar de sal, espolvorear con pimienta molida, decorar con un poco de perejil y servir.

TRUCO

El arroz no debe removerse después de que haya empezado a hervir. Es la forma de asegurar que salga suelto, es decir, que no se pegue.

ALTERNATIVAS

Aunque el concentrado de tomate es fácil de encontrar y rápido de usar, los platos mejoran mucho con una salsa realizada en casa. Hay que pelar los tomates, lo que se consigue rápidamente si antes se escaldan; luego, basta con trocearlos, rehogarlos en aceite y dejarlos cocer a fuego muy bajo, para que suelten el agua. Quedarán en su punto en unos 30 minutos. Se pasan por un robot de cocina y la salsa queda lista para incorporarla al resto de los ingredientes.

NOTA DE... "CATA" DIETÉTICA

En este plato destaca la sepia como uno de los "frutos del mar" que proporcionan un buen aporte de cinc, mineral que desempeña un importante papel para el buen funcionamiento del organismo, siendo fundamental durante el periodo de crecimiento. El vino que se emplea en la preparación de esta receta pierde prácticamente todo el alcohol que contiene durante el proceso de cocción.

HAY QUE SABER... Al ir al mercado hay que optar entre la sepia fresca (sin duda, la opción ideal) o la congelada, que es la más fácil de obtener, pues se encuentra en todos los supermercados. En general, los productos congelados son de confianza, pero es mejor comprobar que la sepia presente una superficie lisa, sin cristalitos de hielo.

Guiso de arroz con bacalao

He aquí uno de los grandes hallazgos de la cocina popular, pues combina un alimento tradicional como es el arroz con un pescado no menos tradicional, sin olvidar los variados productos de la huerta.

INGREDIENTES (para 4 personas)
arroz ▸ 3 tazas medianas
bacalao ▸ 200 g, en remojo
cebolla ▸ una
pimiento rojo ▸ uno
guisantes ▸ 100 g
alcachofas ▸ 2
tomates ▸ 3
limón ▸ medio
perejil ▸ un manojo
aceite de oliva ▸ 3 cucharadas
sal y pimienta

1 **Escurrir el bacalao,** secarlo y **cortarlo** en trocitos. Pelar y **picar la cebolla.** Limpiar y **trocear las alcachofas y el pimiento. Pelar los tomates,** quitarles las semillas y el agua vegetal y **trocearlos.**

2 En una cazuela con 3 cucharadas de aceite, **rehogar la cebolla. Añadir las alcachofas y el pimiento** y continuar la cocción.

3 **Agregar el tomate** sin dejar de remover. **Incorporar el bacalao y los guisantes.** Espolvorear con pimienta, salar si es necesario y seguir la cocción a fuego moderado durante unos 20 minutos, removiendo de vez en cuando.

4 Mientras tanto, **hervir el arroz** 10 minutos en una olla con abundante agua y sal, escurrirlo y añadirlo al guiso de bacalao. Meter la cazuela unos 10 minutos en el horno precalentado a 180 °C y servir bien caliente, decorado con unas rodajas de limón y unas hojas de perejil.

HAY QUE SABER... Al ir al mercado hay que tener en cuenta que no en todas las tiendas venden bacalao remojado; por tanto, hay que considerar la opción de comprarlo seco y salado y guardarlo en la despensa o en la nevera, ya que su tiempo de conservación es casi infinito. Hoy día, es también fácil de conserguir congelado en establecimientos especializados: suele venderse envasado al vacío. Ambas opciones permitirán preparar este plato en cualquier momento.

NOTA DE... "CATA" DIETÉTICA

En esta receta destaca la gran variedad de verduras, ricas en nutrientes esenciales, como el **potasio,** que ayuda a combatir el estrés. El bacalao añade las **proteínas de origen animal,** y las **grasas saludables** las aporta el aceite de oliva. Bastante calórico y medio en grasas.

ALTERNATIVAS

El bacalao fresco es menos conocido que el seco, pero puede dar a este plato un sabor muy distinto, más "marinero". Por añadidura, es más barato, y la forma de preparar la receta no cambia. Elegir preferentemente la parte de la ventresca, mucho más suave y sabrosa que la cola del bacalao.

Arroz de la granja

Un arroz al estilo italiano puede ser un buen plato a incorporar a nuestro recetario particular. Hay que tomarse la molestia de controlar al minuto la cocción, pero el esfuerzo puede valer realmente la pena.

INGREDIENTES (para 4 personas)
arroz ▸ 4 tazas medianas
pechuga de pavo ▸ 500 g, cortada en filetes
zanahorias ▸ una
apio ▸ un tallo
cebolla ▸ una
vino blanco seco ▸ medio vaso
aceite de oliva ▸ 2 cucharadas
mantequilla ▸ 30 g
queso parmesano rallado ▸ 2 cucharadas
sal y pimienta

1 **Pelar media cebolla y limpiar el apio y la zanahoria;** ponerlos en una olla con abundante agua con sal y **cocer** durante unos 40 minutos.

2 **Salpimentar la carne** de pavo y **dorarla** en una sartén con 2 cucharadas de aceite a fuego vivo. Escurrir. Pelar y **picar la media cebolla** restante.

3 En la misma sartén, **sofreír la cebolla** picada sin dejar que tome color. **Añadir el arroz y dorarlo** durante 2 minutos, removiéndolo con una cuchara de madera. **Rociar con el vino** blanco y dejar que se evapore a fuego vivo.

4 **Añadir** poco a poco el **caldo** hirviendo pasado por un colador (unas 8 tazas medianas), removiendo de vez en cuando. **Cocer el arroz** durante 15 minutos. Cortar los filetes de pavo en tiritas y, 5 minutos antes de acabar la cocción, **añadir el pavo** al arroz, reservando algunos filetitos para la decoración.

5 **Retirar el arroz** del fuego cuando esté *al dente*, **agregar la mantequilla** en trocitos y el **queso** rallado y remover. Dejar reposar durante 2 minutos, ponerlo en una fuente de servir y decorarlo con los filetes de pavo reservados.

HAY QUE SABER... El pavo es una de las carnes que mejor resisten los procesos de congelación, y no sólo industrial, sino que se puede, sin riesgo alguno, comprar pavo fresco y congelarlo en casa. La única condición es que esté muy fresco; por tanto, hay que evitar guardar en el congelador piezas que ya hayan estado un día en el frigorífico.

NOTA DE... "CATA" DIETÉTICA

La pechuga de pavo aporta **proteínas de buena calidad** y es muy pobre en grasas. Del resto de los ingredientes destacamos el apio, que además del agradable sabor que añade al plato, es diurético. Bajo en grasas y medio en calorías.

ALTERNATIVAS

Una buena manera de variar esta receta es sustituir el pavo por pollitos enanos, de los que se conocen con el nombre de "picantones". Partirlos en trozos menudos antes de pasarlos por la sartén y procurar que queden doraditos: añadirán un bonito colorido al plato.

TRUCO

El pavo, como todas las aves, se estropea con facilidad. No hay que guardarlo más de un día en la nevera, a no ser que se piense en marinarlo para una mejor conservación.

Arroz con pollo y nueces

La presentación de este plato, de fácil realización pero gran resultado, recuerda un poco a los de la cocina china, con sus ingredientes finamente troceados y bien arropados por el aroma de las nueces.

INGREDIENTES (para 4 personas)
arroz ▸ 4 tazas medianas
pechuga de pollo ▸ 150 g
cebolla ▸ media
ajo ▸ un diente
mantequilla ▸ 30 g
tomates ▸ 3
caldo de legumbres ▸ 8 tazas medianas
nata de cocina ▸ 1 dl
nueces peladas ▸ 80 g
tomillo
sal y pimienta

1 **Cortar la pechuga** en daditos. Pelar y **picar la cebolla y el ajo.** Trocear las **nueces.** Pelar y trocear los **tomates.** En una cacerola con la mantequilla, **sofreír el ajo y la cebolla. Añadir** los daditos de **pechuga** y dejarlos dorar.

2 **Incorporar el arroz y dorarlo** durante unos 2 minutos. **Añadir los tomates** troceados, **sal, pimienta** y un poco de **tomillo.** Remover y **verter el caldo** bien caliente.

3 Dejar que siga la cocción durante unos 15 minutos, removiendo de vez en cuando. **Añadir la nata,** retirar del fuego y servir enseguida, con las nueces trituradas repartidas por encima.

NOTA DE... "CATA" DIETÉTICA

Los frutos secos aportan **ácidos grasos esenciales, proteínas, magnesio** y **vitaminas del complejo B.** Este plato es muy calórico y tiene un alto contenido en grasas.

TRUCO

Comprar las nueces en poca cantidad y siempre con cáscara: partiéndolas en el momento de usarlas quedan asegurados su aroma y su sabor.

ALTERNATIVAS

Dejar de lado las nueces y sustituirlas por una combinación de hierbas aromáticas puede dar a este plato un sabor y una textura muy especiales. Las mejores son aquellas que más convienen al pollo: el estragón, la mejorana, el tomillo y el orégano y, desde luego, el perejil.

HAY QUE SABER... El pollo es una de las carnes que mejor "capta" los sabores, por lo que se cocina de mil formas y maneras. En Marruecos se pinta con miel y se guisa con almendras y albahaca; en las Antillas se combina con cacahuetes, en Austria se acompaña con ensalada de pepino y en Francia se condimenta con trufas. Tal riqueza de sabores tiene su origen en el hecho de que, antes de que las granjas lo pusieran al alcance de todos, el pollo se engordaba en todo el mundo únicamente para las fiestas.

Arroz amarillo con gambas

En la cocina mediterránea abundan combinaciones como ésta, en la que las riberas de los ríos, en las que se cultiva el arroz, parecen pedir prestado al mar parte de sus más preciadas riquezas.

INGREDIENTES (para 4 personas)
arroz de grano largo ▸ 3 tazas medianas
gambas ▸ 600 g
escalonias ▸ 2
azafrán ▸ un sobrecito o 4 hebras
vino blanco seco ▸ medio vaso
caldo de pescado ▸ 6 tazas medianas
aceite de oliva ▸ 2 cucharadas
sal

1 **Pelar las gambas; hervirlas** durante 5 minutos en una olla con agua salada; escurrirlas y reservarlas. Pelar y **picar las escalonias**.

2 **Rehogar las escalonias** en una cacerola con el aceite, sin que lleguen a dorarse. **Añadir el arroz** y tostarlo durante unos minutos. **Verter el vino blanco** y dejar que se evapore a fuego medio, removiendo de vez en cuando con una cuchara de madera para que el arroz no se pegue.

3 **Disolver** el **azafrán** en el caldo caliente y cocer el arroz, añadiendo el caldo poco a poco. **Incorporar las gambas** a media cocción. Retirar del fuego, tapar el recipiente y dejar que repose unos minutos. Poner el arroz en una fuente y servirlo.

ALTERNATIVAS

Las gambas quedarán perfectamente representadas por sus especies hermanas, como los langostinos, como ingredientes de este arroz. Una sugerencia: al hacer el cambio, sustituir el vino blanco por un Jerez seco; el resultado es sorprendente.

TRUCO

Si no disponemos de azafrán en casa, un colorante servirá para dar tono al arroz, aunque será en detrimento de su sabor.

HAY QUE SABER... Estas formas de preparar el arroz que aquí presentamos, combinado con los más variados ingredientes, son propias de los países europeos. En la gastronomía tradicional de China y Japón, por el contrario, el arroz se cocina solo, y funciona básicamente como acompañamiento: es decir, que sustituye al pan de nuestras mesas.

NOTA DE... "CATA" DIETÉTICA

El azafrán, además de por sus propiedades digestivas, destaca por su **gran poder antioxidante,** que protege a las células de los radicales libres; es muy rico en **vitaminas B_1** y **B_2,** esenciales para el crecimiento y para el metabolismo de las grasas, de las **proteínas** y de los **carbohidratos,** aportados por las gambas y el arroz, respectivamente.